自転車旅っておもしろい！

けんたさんと行く

Discover Ride

Discover Ride in TAIWAN

台湾一周やってみた！

けんたさん
自転車系 YouTuber

監修・株式会社ティーツーリンク

徳間書店

Discover Rideとは?

YouTuberけんたさんが旅先の魅力を発見する自転車旅のこと。
大人がマジメに自転車を遊びつくします!

LAUN
CHER

Discover Rideへの想い

監修●株式会社ティーツーリンク
代表　土谷基成(ツッチー)

さかのぼること2020年。
テレビをつけても、感染者数だの、不景気だの、暗いニュースばかり。
明るい話題が少なかった。
移動制限がかかり、自転車イベントも軒並み中止。
私自身、イベント業に携わっていたため、仕事が減り、
時間がぽっかりと空いてしまった。

せっかくだし、今しかできないことにチャレンジしてみよう。そう考えた。
昔から、電車の旅や海外旅行が好きだった。
しかし、コロナ禍で海外は無理だから国内でできることはなんだろう。
自転車イベントに長年携わってきたこともあり、

自転車に関連したチャレンジをしたい。
そのうえ、自分自身も楽しめる挑戦がいい。

ちょうどそんな時、テレビで四国のお遍路の特集番組を見て、
自分も四国一周をしてみたいと唐突に思った。
でも、歩くのは嫌いだし、大変。自転車なら一周できそうだ。
自転車で一周するなら、動画で旅の様子を撮影して記録したい。
なんならリアルな旅の様子を参考情報として紹介できたら、
他のサイクリストの参考にもなるはず。なにより、
時間がたっぷりある今しかできないチャレンジだ。

以前、仕事で一緒海外に行ったことがある
YouTuberのけんたさんに、四国一周の企画を提案してみた。

けんたさんも「自転車で四国一周を旅してみたかった」とのことで、
話はとんとん拍子に進んだ。
「リッチな旅ではなく、これなら俺でもできそうだ！」
そう思ってもらえる「等身大の旅」をコンセプトにしようと
2人で決定し、四国一周の旅をスタートさせたのだった。

四国の旅を終えて……けんたさんのチャンネルで動画が公開されると、
「自分も旅をしているかのようだ」「私も行ってみたい！」と、
ありがたいことに多くの方からたくさんのコメントをいただいた。
旅を通じて、少しでも「自転車って楽しい！」
「私も自転車を持って旅をしてみたい」と
思ってもらえる企画を引き続きやっていこう！
そう思い、正式に「Discover Ride」プロジェクトを発足。

これまでにさまざまな自転車旅企画を実施してきた。

今回、初めて海外での自転車旅に挑戦した。
その旅先を台湾に選んだのは、ひと言で言えば、
けんたさんが以前から「台湾一周、一度はやってみたい」と言っていたから（笑）。
というのもあるのだが、日本から3時間くらいで行けること。
アメリカやヨーロッパよりアクセスがいいうえに費用も抑えられる。
そして台湾一周が四国一周と同じ距離感、約1000kmというのも大きかった。
その距離を走るスケジュール感や大変さがわかっている。
初めての海外ライドだからこそ、経験済みの要素があるのは安心材料になる。
そんなわけで、台湾一周の旅に挑戦した。その模様を本書では紹介していくが、
すでに公開されている動画には出ていないこぼれ話が随所にあるので、
ぜひ楽しんで読んでもらいたい。

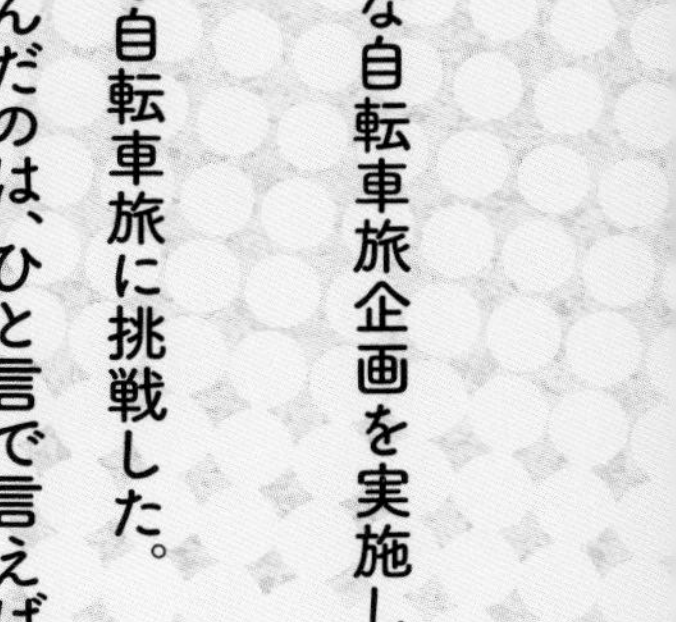

「Discover Ride」には、もうひとつ秘めた想いがある。
情報過多の現代。情報は多いはずなのに、将来に向けての楽しい情報は少ない。
だから大人は難しい顔ばかりしている気がする。
そして、知らず知らずのうちに、子供たちにストレスを感じさせてしまい、
彼らも楽しい未来を描きづらくなっているように思う。
そんな中、われわれ大人（親）ができることは、
楽しんでいる姿を子供たちに見せることだろう。
私もけんたさんも二児の父。
子供たちが、「大人になっても遊んでいいんだ！」
「大人になるのって楽しそう」と思ってくれればいい。
マジメに楽しむ大人の姿は、子供たちが未来に希望（ワクワク）を
持つことへの後押しになるはず。
小学生の頃に自転車を手にしたことで行動範囲が広がり、

自分の力でペダルを漕いで隣の町まで行った。
その時のワクワク感を私自身忘れられない。
まるで冒険に出たかのようなあの感じ。Discover（発見）の連続だった。
知らない場所を自転車で走ると「五感」で旅を楽しむことができる。
視覚、聴覚、味覚以外にも暑い、寒い、
花の匂い、畑の臭いなど、まさに発見の連続。
その土地の空気をリアルに肌で感じられるのがなによりおもしろい。
「自転車の旅ってこんなに楽しいのか！」
と思ってもらえるように大人が全力で楽しむことができたら……
大人はもちろん、子供たちもワクワクするはず。
そんな想いを持ちながら、
これからも「等身大」の旅を続けたいと思っています。

自転車旅っておもしろい！
けんたさんと行く
Discover Ride
台湾一周やってみた！

もくじ

DAY 2

DAY 4

DAY 5

Taiwan

DAY 8

［スタッフクレジット］

装丁　田中玲子

本文デザイン　森裕之
平石由美
大口鷹介

DTP　Lush!

編集　田口卓

プロデュース　角谷康（ムーブエイト）

※本書で紹介している地名やお店、宿などのデータ類は、2023年11月の取材時のものです。

本書の主な登場人物

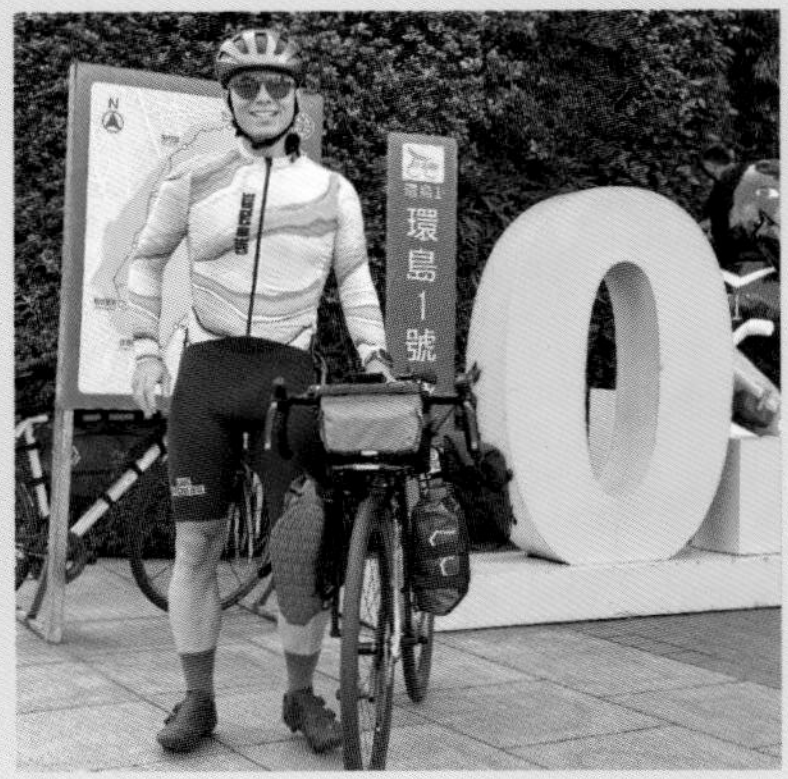

けんたさん

自転車系の情報を発信する人気YouTuber。チャンネル登録者数は27.5万人（2024年3月末時点）。「日本にもっと豊かなサイクルライフを！」をモットーに、自転車と相性のいい動画を配信中。今回は台湾一周の旅に挑戦！

サムさん

台湾在住のサイクリストで今回の旅の案内をしてくれるサポートライダー。四国一周やツールド沖縄なども走破している健脚の持ち主。

ツッチー

けんたさんと日本を再発見する自転車旅「Discover Ride」の仕掛け人。けんたさんの動画にもたびたび出演。今回は、初めての海外自転車旅として台湾一周を企画した。

DAY 1

Discover Ride
in Taiwan

台北市 → 新竹市

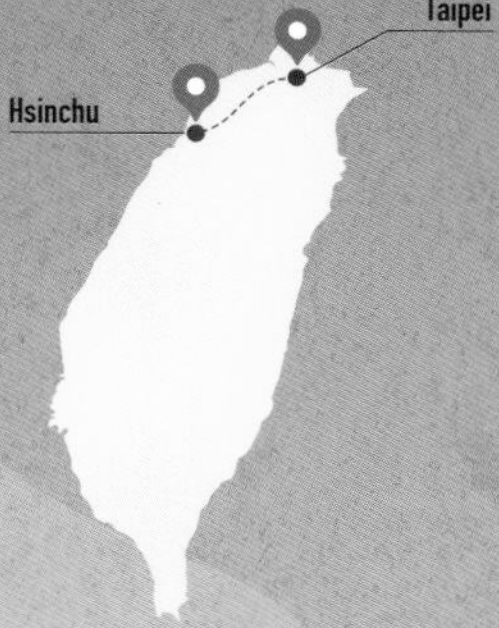

自転車旅をスムーズに始めるため、前日に台湾へ乗り込んだ、けんたさんとツッチー。朝イチにホテルでバイクの組み立てとバイクパッキングの準備を完了させた2人は、スタート地点である台北《タイペイ》市内の松山《ショウザン》駅へ。1日目は台北市内を通り、川沿いのサイクリングロードをはじめとした交通量の少ない道を100kmほど走り、初日のフィニッシュ地点「新竹《シンチュウ》」を目指す。

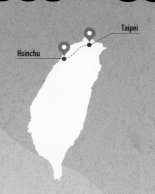

2023年11月——
羽田空港
約半年をかけて秘かに練られていた旅の計画がスタートする前日
チャイナエアラインに旅の相棒を預け
本気で美味い機内食にますます気分が上がりながら
目的地の空港に着いた
今回の旅は台湾一周!
1000kmを9日間でめぐる旅だ!!

旅のメンバーは
この3人

ルートは台北《タイペイ》を
起点にして
反時計回りに
走ることにした

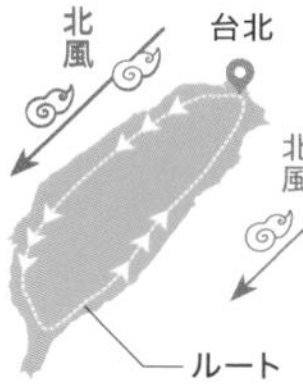

なぜかというと
自転車旅の大事なポイント
「風」の影響を考えたから

冬の台湾は北風なので
平野部の多い西部は
追い風で快走でき、
東部は山が多いので北風を
やわらげてくれるのだ

明日からの旅の
計画を3人で
酒を飲みながら
確認し

翌朝

自転車の
セッティングをして
向かったのはー

台北市の
中心地にある
松山《ショウザン》駅

ここが
台湾一周の
スタート地点だ

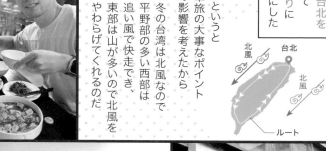

0kmのオブジェの前から
環島1號
カラフルな台北市の街をゆっくり走り出す
サイクリングロードを1kmも走らないうちにブレーキ鳴りが……
?
キュ〜〜イン
今日から9日間走るのでメカトラブルは早めにわかるといい
というわけでブレーキを微調整
ちなみに公衆トイレでは自転車も一緒に入れたり
性別友善廁所
All Gender Restroom
自行車可攜入
一般道の信号手前には二輪の待機場所があるなど台湾のサイクリング事情に驚きながら着いたのは……

淡水河沿いの
サイクリングロードの休憩スポット
大稲埕《ダーダオチェン》碼《マ》頭《トウ》広場
かつて
中国大陸との
貿易港として
栄えた場所で
軽く休憩をした
八仙碼頭
大佳碼頭
淡水河
基隆河
大稲埕碼頭
Luzhou
Sanchong
Wanhua
大稲埕碼頭
Dadaocheng whar
サポートライダーの
サムさんは四国一周を2回やって
そのままツール沖縄を走り
昨日台湾に
帰ってきたという
健脚の持ち主!
道幅の広い
サイクリングロードで
サムさんと並走しても……
すぐに引き離される
のである
時速
約35㎞!
GARMIN

次に向かったのは、大漢渓、三峡渓、横渓の3本の河川が合流する
三峡《サンショウ》
台北市のすぐ隣新北市《シンペイ》の観光地だ
名物の「金牛角」というクロワッサンで栄養補給と
老街《ラオジエ》という古い街並みを楽しむ
桃園《タオユワン》市に向かう坂道で
歡迎蒞臨 桃園市
Welcome to Taoyuan City
ツッチーの脚に早くも異変が……無事一周できるのか？
脚がピクピクしてる……

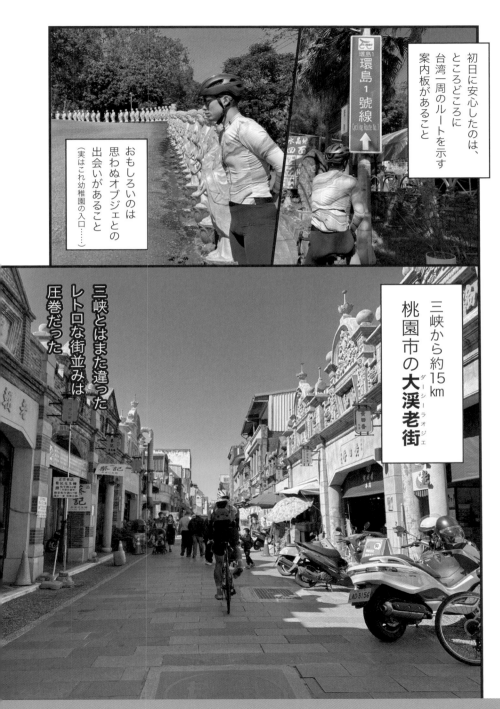

環島1
環島 1 號線
Cycling Route No.1
初日に安心したのは、
ところどころに
台湾一周のルートを示す
案内板があること

おもしろいのは
思わぬオブジェとの
出会いがあること
（実はこれ幼稚園の入口……）

三峡から約15km
桃園市の大渓老街《ダーシーラオジエ》
三峡とはまた違った
レトロな街並みは
圧巻だった

大渓老街すぐ近くの「亀」推しの紅茶店でドリンク休憩
台湾のタピオカは本当に美味い！
次の目的地へと向かって走り出すが……
頑張って漕ぎながら本日の昼食の場所へ
また上り基調
（写真では伝わりづらいだろうが……）
淡水魚の料理、**美味し！**

良質なタンパク質を摂取して再び上り坂を漕いでいく
斜度は15%超え！
GARMIN
そうしてたどり着いたのは
台湾最大のダム
石門《シーメン》水庫！
ここから桃園市の街並みが一望できる
本日イチバンの絶景……
石門勝景
石門勝景

石門水庫から
サムさんおすすめの

仙草という薬草を
使ったゼリーを食べ

行人優先
向かったのは
ビル群が立ち並ぶ
新竹《シンチュウ》市

IT企業が集まり、
高級住宅が立ち並ぶ
台湾のシリコンバレーと
呼ばれる場所だ

帰宅ラッシュの時間帯で
バイクがめちゃくちゃ多い中

無事本日の宿へ
（自転車はロビーに
置かせてもらえた）

夕食、大きなトラブルもなく
初日を終えたことを祝して
（ツッチーの脚も無事）
仙草茶で
乾杯したの
だった

台湾

DAY 1 DATA

旅のしおり

9:00	松山駅をスタート
9:45	大稲埕碼頭広場（台北市）で休憩
11:45	三峡（新北市）に到着・休憩
12:00	大渓老街（桃園市）に到着・休憩
12:40	亀記茗品 大渓慈湖店でドリンク休憩
13:30	菓園活魚土鶏餐庁でランチ
14:45	石門水庫（桃園市）に到着・休憩
15:00	關西《グワンシー》（新竹県）に到着
15:45	關西仙草巷でドリンク休憩
17:00	新竹市に到着
17:30	Fleur Lis Hotel（芙洛麗大飯店／新竹市）でゴール・宿泊
19:30	鍋工館 火鍋専門店で夕食

距離・標高

走行距離：100.5km　／　獲得標高：671m

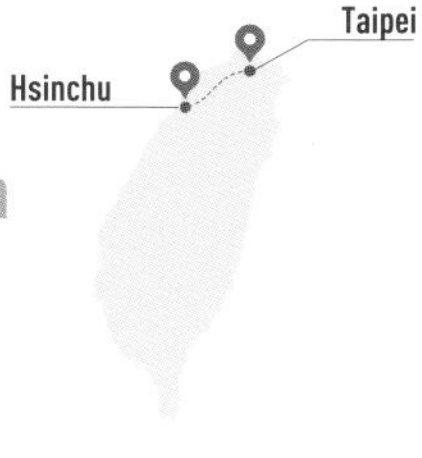

ライドコース

台北市内の松山駅前の北側にある基隆《キールン》河沿いを西に向かい、次に淡水河沿いのサイクリングロードを南下していくと新北市の三峡エリアに到着。国道３号で桃園市の大渓老街に行ったあとは、康壮路、国道４号で石門水庫へと向かう。国道3乙号、3号で新竹県に入り、關西エリアに立ち寄る。竹16号、188号を西に進み、頭前溪を超えると新竹市に到着する。

詳しくはDiscover RideのHPをご参照ください。
https://discover-ride.com/taiwan1000km/day_001.html

名所 DAY 1 台北市→新竹市 B級美食

旅のスポット情報

固めのクロワッサンが名物!

鑫三峡金牛角廟口老店

台北市のすぐ隣の新北市の観光地・三峡。表面が固めに焼かれたクロワッサン「金牛角」が名物。サクサクとした歯ごたえで中身はチョコレートやあんこなどバリエーション豊富。

台湾で最初の休憩スポット

大稲埕碼頭広場

大稲埕はかつて貿易港として栄えた街。その港の埠頭には淡水河沿いのサイクリングロードの休憩ポイントやレジャー施設がある。清朝時代の帆船が設置されている。

「亀」の字が目印の紅茶店

亀記茗品 大渓慈湖店

大渓老街の中心地から少し離れた紅茶店でドリンク休憩。ウーロン茶にミルクを注いだ「紅ウーロンミルク」にタピオカを追加。タピオカの有無、甘さの加減を調整可能なのがうれしい。

台湾のレトロな街並み

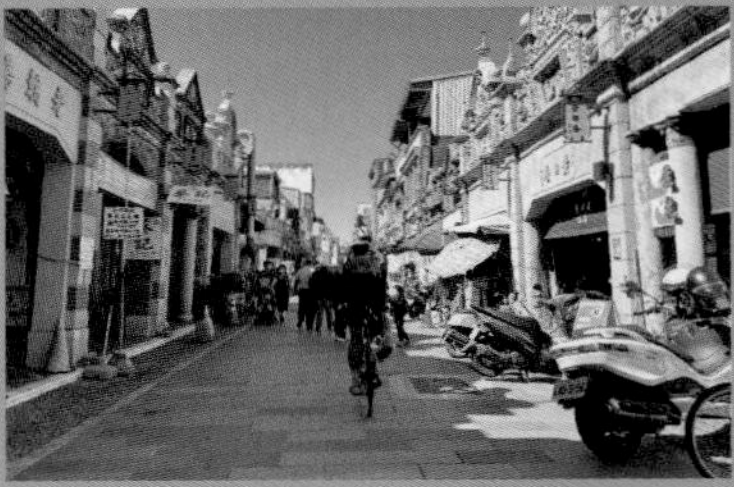

大渓老街

三峡から約15km、桃園市の大渓老街は、昔ながらの街並みを残した通り(老街)。バロック形式の建物が並び、台湾でありながら、大正時代の日本とヨーロッパが混ざったような雰囲気。

今日のお宿

芙洛麗大飯店FLEUR LIS

台湾版シリコンバレーの豪華ホテル!?

新竹市の中心街はIT企業が集まり、街には高級マンションが立ち並ぶ。サムさんいわくホテルの宿泊価格が台湾の中で最高額のエリアとのこと。部屋の内装は高級感あり。

台湾最大のダムの上は眺望よし!

石門水庫

水庫とはダムのことで、石門水庫は台湾最大のダム。蓄えられている水は台北市をはじめとした周辺地域の生活水になる。ダムの上から桃園市の街並みを一望できるスポット。

大きな一品にびっくり!?

菓園活魚土鶏餐庁

石門水庫の麓にある活魚レストラン「菓園活魚土鶏餐庁」では、地元でとれた淡水魚を料理してくれる。白身魚を甘だれと和えた一品は30cmオーバー! 3人でシェアしました。

台湾スタイルの火鍋を堪能

鍋工館 火鍋専門店

夕食はホテル近くの火鍋専門店へ。台湾の火鍋は一人鍋スタイルが一般的で最初にスープと肉を選んでオーダーしたら、野菜などは食べ放題。初日は体を慣らすためビールはぐっと我慢……。

仙人の薬草で疲れを癒す!?

關西仙草坊

石門水庫から約10km、サムさんおすすめのお店で小休憩。薬草「仙草」を使ったデザート「仙草ゼリー」は寒天のようにほぼ無味で1杯あたり約ごはん1/8杯分。甘味をトッピングして良い補給食に。

けんたさん＆ツッチーの

DAY 1 旅の振り返り

ツッチー：いよいよ台湾一周が始まりました！　けんたさん、初日はどうでした？

けんたさん：台北は「帰ってきた」感がありましたね〜。春に2回来ましたから。

ツッチー：そうですね。3月に台北のサイクルショーに行って半日ヒルクライム、5月には台北から2泊3日の輪行旅もしましたね。

けんたさん：カラフルな街を見ると「おお、台湾に来たな〜」と改めて実感しましたね。

ツッチー：相変わらずバイクの多さには驚きますけどね（笑）。

けんたさん：でも、二輪車専用レーンがあるし、サイクリングロードもあるから、走り出してみれば、大都会の台北でも走りやすいですね。

ツッチー：確かに。松山駅から5分と走らずにサイクリングロードに入れましたよね。

けんたさん：そこでいきなりブレーキ鳴りが……。

ツッチー：あ〜、そうでした。

けんたさん：工場の機械音のような響きがね（笑）。大したことはなくて、ちょっと調整しただけで鳴り止んだのでよかったです。

ツッチー：大きな自転車トラブルが起きたら、そこで旅は終わりになってしまうから、初日にしっかり自転車の調子を確認するのは大事ですよね。ほかにトラブル的なことはありました？

けんたさん：トラブルじゃないけど、やっぱり自転車が重かった〜。自転車と荷物で総重量が約27kgもあるから……。

ツッチー：ハンドルが重い？

けんたさん：バスみたいに大きなハンドルを回すような感覚（笑）。まあ、初日は体と脳、自転車もウォーミングアップの気持ちで走るといいかもしれませんね。

DAY 2

Discover Ride
in Taiwan

新竹市 → 鹿港
（彰化県）

新竹市の市街地を抜けて台湾の西側の海沿いを南下。台湾第3の都市の「台中市《タイチュン》」に立ち寄りながら、その南になる彰化《ジャンホワ》県の鹿港《ルーガン》エリアを目指す。ド派手な観音様のお寺や、けんたさん史上No.1のケーキと出合うだけでなく、10年来のファンという日本人ライダーとの出会いというサプライズも起きた2日目。日本とは一味も二味も違う、魅力ある旅がスタート！

朝からテンション高め
なのには理由がある
今日は雨予報
曇り空のうちに
距離を稼ぎたい
FLEUR LIS
芙洛麗大飯店

通勤ラッシュの
道を走り

日本人がデザインした
新竹駅を見つつ

17公里海岸線
自行車道へ
自行車專用道
其他車輛禁止進入

海沿いにある全長17㎞の
サイクリングロードを

追い風を受けて快速走行！
雨降らないで〜
その終着点にはバードウォッチングの建物があり
しばし休憩……
おーいここだよ〜
ツッチーより雨が心配なので再び走り出します！
新しいサイクリングロードに入ると
新竹市のお隣の苗栗《ミャオリー》県に到着！

※周囲の安全を確認したうえで撮影をしています

一般道も使い約20km走って
たどり着いたのは
環島1
環島1號線
Cycling Route No.1

後龍清海宮――
海の方角を見つめる
巨大な神様（媽祖）が、
海難や水難、災いから
守ってくれるそうで、
今回の旅の安全を祈願！

あ！神様
見えた!!
清海宮
國泰民安

再び20km走り
苗栗県の苑裡《ユエンリー》エリアへ
サムさん〜
は、速い
ここにあるのは……
ランチスポット
本日最初の補給だ！
祥記
麵食館
排骨酥麵
自助洗衣
老滷仙
金瑞
古早味
烤玉米
傳承
乾麵40元
排骨酥湯50元
筒仔米糕30元
餛飩湯35元
餛飩麵55元
陽春麵40元
貢丸湯35元

追い風の中とはいえ
朝から60㎞走ったからか
食欲は止まらず
全部、完食！
約10㎞走った30分後
台中《タイチュン》の大甲《ターチャ》エリアのカフェに到着
BREWBAND COFFEE

お店は路地裏にあり
地元の人も
見つけづらそうだが……
お店は
ここ！
手作りのケーキを
3種類を注文すると
どれも絶品！
超好吃《ツァオハオチー》
（超美味しい！）
特にピーナッツの
ミルフィーユは人生で食べた中で
最も美味しいケーキだった!!

大甲エリアのすぐ近くに
高美《ガオメイ》湿地の風車大道がある

海風が強く、海沿いに風力発電機が
大量に建てられており、
海岸は湿地帯となっている

けんたさ〜〜ん
その風景を撮影していると
驚きの出会いが……

ディスカバーライド初！
台湾在住のフォロワー
マキシくんと出会う!!

日本人留学生のマキシくんは
僕の動画を10年前から
見てくれているとのこと。
僕が発信したGPSデータを見て、
30㎞離れた場所から
自転車で会いに来てくれたのだ！

マキシくんに元気をもらい
北風の恩恵を受けて
巡航速度30㎞以上で走り、
鹿港《ルーガン》エリアへ
この頃には晴れ間が
のぞくようになっていた！

無事、本日の宿に到着
住宅街にある
ゲストハウスを一棟貸切。
年季が入った外観だが……

室内はキレイでおしゃれ。

夕飯はディスカバーライド初の
Uber Eats を利用
マキシくんとの出会いを祝して
台湾ビールで乾杯した！

台湾

旅のしおり

08:00	ホテルを出発
09:00	風情海岸に到着・休憩
10:30	後龍清海宮(苗栗県)に到着・休憩
11:30	苑裡(苗栗県)に到着
11:45	湾麗排骨酥面でランチ
14:00	大甲エリア(台中市)に到着
14:45	Brewband Coffeeでドリンク休憩
15:15	高美湿地の風車大道(台中市)で休憩
16:45	鹿港エリア(彰化県)に到着
17:00	民宿「鹿港・遇見1952」でゴール・宿泊
19:00	Uber Eatsを頼んでお宿で夕食

DAY 2 DATA

距離・標高

走行距離:**116.5km** / 獲得標高:**358m**

ライドコース

新竹市から国道1号で西に向かい、海沿いのサイクリングロードへ。以降も海沿いの道を走りながら、苗栗県に入る。台61線を南へ進み後龍溪を渡ったら、台61線から1本海沿いの道に入り後龍清海宮に到着。南に進むと苑裡エリア、そこから国道1号線で南下すると台中市に入る。西に進み台61線で高美湿地の風車大道へ。台61線と国道17号を南に進み、彰化県の鹿港エリアへと行く。

詳しくはDiscover RideのHPをご参照ください。
https://discover-ride.com/taiwan1000km/day_002.html

\ 名所 /

DAY 2 新竹市 → 鹿港（彰化県）

\ B級 /

旅のスポット情報

〃 美食 〃

自転車道沿いの風景スポット

風情海岸

ホテルから走ること7kmで風情海岸に到着。台湾海峡に広がる干潟では潮干狩りをする人の姿も。この日はあいにくの天気ではあったが、晴れた日の夕日の美しさは有名なのだそうだ。

東京駅と姉妹!?

新竹駅

1913年3月完成で現存する台湾最古の駅。設計は松崎万長という明治大正期を代表する日本人建築家で、日本統治時代に設計したという。2015年に東京駅と姉妹駅関係を締結している。

今回の旅の安全を祈願!

後龍清海宮

海の方角を見つめる巨大な神様（媽祖）は、地元の漁師などを海難事故から守るために祀られている。海難や水難以外にも、災いから守ってもらえるのだそうで、多くの観光客が参拝に訪れる。

台湾西岸沿いの自転車道

17公里海岸線自行車道

海岸線を南北に走るサイクリングロードで全長17kmだが、風情海岸からは南に7kmで終着ポイント。P31のバードウォッチングの建物はその目印。ここから南へ「緑光海風自行車道」が約68km続く。

今日のお宿

鹿港・遇見1952

一棟貸切のゲストハウス

鹿港の住宅街にあるゲストハウス。一棟貸切で自転車は敷地の中に保管できる。室内はリノベーションされており、1階がリビング＆ダイニング、2階は3つの寝室。洗濯機と洗剤も備え付けられている。

台中市の路地裏カフェ

Brewband Coffee

台中市の大甲エリアの路地裏にあるカフェ。年季の入ったアパートをリノベーションした店内は落ち着いた雰囲気で大人の空間。手作りケーキがどれも美味しく、けんたさん絶賛のお店。

昔ながらの台湾料理を味わう

湾麗排骨酥面

苗栗県の苑裡エリアでランチに立ち寄ったお店。昔ながらの台湾料理「排骨酥麵」は煮込んだ豚バラ肉と温かい麺を、さっぱりした薄めのスープでいただく。麺はやわらかくて日本のうどんに近い。

初めてのUber Eats!

P&P悠活館

都市部と違い、地方は飲食店の閉店時間が早いので、ディスカバーライド初のUber Eatsを利用。宿近くのイタリアン「P&P悠活館」でピザとパスタを注文し、カーボローディングで明日のライドに備える。

海と風車の風景を楽しむ

高美湿地の風車大道

高美湿地では木道の遊歩道で湿地内に入ることができ、周囲の風景を楽しむことができる。海風が強く、大量の風力発電機（風車）が海上も含め、たくさん設置されている。人気の観光スポット。

けんたさん＆ツッチーの

DAY 2 旅の振り返り

ツッチー：2日目の新竹市の中心街はお金持ちエリアでしたね〜。サムさん曰く、ホテルの価格帯も台湾一高いらしいし。

けんたさん：高級車がいっぱい走っていたし、未来都市の雰囲気があってITの街でしたね。

ツッチー：そこからすぐのところにある海沿いの「17公里海岸線自行車道」などのサイクリングロードはどうでした？

けんたさん：海を眺めつつ、追い風の恩恵を受けて走れました。ただ、少し離れて並走する国道も二輪車専用レーンがあって走りやすい。走るという点では、国道のほうが楽しいと感じる人もいるかも。

ツッチー：確かに都市部を抜けると二輪車専用レーンは断然走りやすかったですね。

けんたさん：ところで、この日は予期せぬ出会いや初めてのことがあって、いい意味で驚きがあった日でしたね。

ツッチー：マキシくん！

けんたさん：そう。海外で初めて自分のフォロワーに出会いました。いや〜うれしかったな〜。

ツッチー：けんたさんが発信したGPSデータを参考に探しに来てくれましたからね。

けんたさん：台中で食べたケーキも抜群で……。

ツッチー：ピーナッツのミルフィーユ。

けんたさん：あれは本当に僕が今まで食べたケーキの中で一番美味しかった。2日目にしてこの旅のベストケーキかな。

ツッチー：そういえば、Uber Eats を頼むのは今回が初。

けんたさん：サムさんのおかげで注文がスムーズにでき、ゲストハウスで旅の仲間と気兼ねなく食べられた。これも初めての体験でしたね。

DAY 3

Discover Ride
in Taiwan

鹿港
（彰化県）
→
台南市

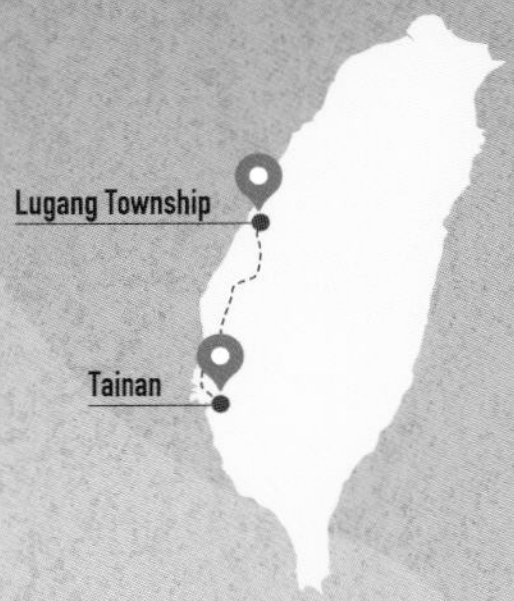

３日目の移動距離は今回の台湾一周の旅の中でも最長となる160km！
日没までにゴールすべく追い風で巡行速度を上げて、一気に台南《タイナン》市を目指したいところ。とはいえ、いくらスピードアップしても、美味しい食事は欠かせない。途中のランチとカフェはぬかりなく下調べ済みだが、果たしてこの欲張り行程で夜までに宿にたどり着くのだろうか……。

3日目の朝
出発前にタイヤや車体を入念にチェック
なぜなら今日はこの旅で最長の160㎞を走るからだ
幸い天気予報は風速15mの北風強い追い風だ！
平均值
−3°
低於平均每日最高溫
今天 最高 21°
平均值 最高 24°
風
5 級 風力
56 公里/小時 陣風
北北東
日落
17:11
日出：06:14
體感溫度
16°
與實際氣溫相近。
平地をひたすら走るが、
日没までにゴールできるのか

鹿港の街中は
ゆっくり進み
街を抜けると
北風を背に受けて
巡航速度35km超で進む
特に台湾の二輪車専用レーンは走りやすく
今日の滑り出しは順調！
そして、
最初の立ち寄り
スポットが
近づいてきた

赤が印象的な
西《シー》螺《ルオ》大橋

台湾南部と北部の交通を結ぶ
重要な橋で全長1939m！

かつてはアメリカの
ゴールデン・ゲート・ブリッジに
次ぐ長さだったそうだ

ここには牛のオブジェが
たくさんあり

突然お腹が空いた
ツッチーのワガママで
千巧谷牛楽園牧場に立ち寄る

僕も園内を散策しながら
しっかり楽しんでしまった
一番人気の特大シュークリームを味わっていると
あっという間に1時間も経ってしまった
や、やばい……
しかも宿に忘れ物した…
サムさんを先頭に再び追い風にのって走る!

走る！
そして走る！
とくり返せば、
当然お腹が
空くわけで……

スタートから70㎞
雲林《ユンリン》県「北港《ベイガン》」という街の
レストラン
誠食堂へ
ここでは日本式の定食が
食べられる

日本式の
トンカツ定食を注文
トンカツは薄めで
カリっとした歯ごたえ
台湾独特のスパイスも
効いていて美味しい

ランチの後は19号線を南下
追い風の恩恵を受けて
巡航速度時速35㎞で走り続ける
車も少なく、道路の舗装も
クリーンで気持ちいい！

だが……
走る！

走る！

17号線に合流し
さらに走りまくり
出会ったのが……

シュールな
お魚坊やの像だった！
実はこれ、事前に
みんなに募集した
おすすめスポットのひとつ
「虱目魚《サバヒー》小子《ぼうや》」像

虱目魚は
ミルクフィッシュともいわれる
台湾ではポピュラーな海水魚
様々な調理法で
食べられているそうだ
台湾南部で養殖が
盛んなことにちなんで
この像が建てられたのだとか。
自転車で走る途中にも
養殖場を眺めることができた
沈む太陽を横目に
本日最後の
立ち寄りスポットへ
七股《チーグー》塩山
七股鹽山
かつて台湾最大の
製塩場で
今は塩の
テーマパークと
なっている
疲れた脚で
巨大な塩山に登ると
周囲の塩田と
夕日が美しい！

目的地の台南《タイナン》市内に入る頃にはすっかり夜に
帰宅ラッシュの時間帯と重なり、渋滞の中を縫うように走る
台南駅近くにある民宿に無事到着
宿近くの日本式居酒屋朋友居酒屋に行き
この旅で最長の160kmを走破した今夜は、
超好喝《ツアオハオフー》
ジョッキビールで乾杯!

台湾

DAY 3 DATA

旅のしおり

07:00	鹿港・遇見1952からライドスタート
09:15	西螺大橋（雲林県）に到着
10:00	千巧谷牛樂園牧場に到着・休憩
12:30	北港（雲林県）エリアに到着
12:45	誠食堂でランチ
15:45	虱目魚小子（サバヒー坊や）を発見
16:45	七股塩山（台南市）に到着・休憩
18:15	果核抵家（台南市）に到着・宿泊

距離・標高

走行距離：159.1km　／　獲得標高：288m

ライドコース

鹿港の宿から国道19号を南下して、彰化県と雲林県の県境となる濁水渓に架かる西螺大橋へ。橋を渡ってから西に進み、国道19号に戻り、休憩や昼食を挟みながら、ひたすら南に進む。嘉義《チアイー》県の義竹《イージュー》エリアで西に進み、海近くの台61号線を南下し、国道17号に入り虱目魚小子を発見。国道17号から再び台61号で七股塩山に立ち寄り。国道17号を南に進み台南市の宿へと向かった。

詳しくはDiscover RideのHPをご参照ください。
https://discover-ride.com/taiwan1000km/day_003.html

DAY 3 鹿港 → 台南市
（彰化県）

＼名所／ ＼B級／

旅のスポット情報

〃美食〃

かつて貨物列車も走った赤い橋

西螺大橋

彰化県と雲林県の県境となる濁水渓に架かる西螺大橋は全長1939m。1937年、台湾を統治していた日本政府によって着工されたが、太平洋戦争のため工事は中断。戦後、アメリカ政府の支援により1953年に開通した。かつては台湾製糖会社の貨物用線路も敷設され、列車と自動車が並んで走った。現在は小型車、バイク、自転車用の橋として利用されている。橋のたもとには憲兵の詰所が残されている。

思わず時間を忘れる!? 牛の楽園

千巧谷牛樂園牧場

雲林県地産の牛乳を使ったベーカリー製品と手土産を販売している。園内は広く、カフェや食堂、パンの販売所だけでなく、牛舎や池があり、敷地内にはいろいろなタイプの牛のオブジェが置かれている。ベーカリー店というより、もはや観光施設。今回の旅で長居してしまったように意外と楽しく、立ち寄りにおすすめ。Googleの口コミ評価は2万件超で★4.3の高評価を受けている。

今日のお宿

果核抵家

小さくてもこだわりの詰まった宿

1階がカフェ、2階が共用部、3～4階が宿となっているが全3室。この日はわれわれで貸切状態となった。部屋はオシャレなしつらいで、「Marshall」の高級スピーカーが設置されていた。

みんなのおすすめスポット！

虱目魚小子

台湾一周の旅の前に募集した「おすすめスポット」のひとつ。「サバヒーぼうや」と読む。サバヒーは海水魚。この地域で養殖が盛んなことから像が建てられたのだとか。サバヒーは4日目に食すことに。

日本式の定食が食べられる

誠食堂

雲林県と嘉義県の県境近くの北港エリアにあるレストラン。日本式のトンカツ定食がある。こちらが日本人だとわかると、コロナ禍で日本が台湾にワクチンを提供したことに大変感謝されてしまった。

生ビールが飲める居酒屋

朋友居酒屋

本日のお宿「果核抵家」の近くにある日本の居酒屋。寿司や刺身が日本式のワサビとともに出てくる。生ビールが飲めるのもよい。路地裏にあり、隠れ家的な雰囲気の居酒屋だった。

塩のテーマパーク

七股塩山

七股エリアはかつて台湾最大の製塩場として一面に塩田が広がっていた。いまは塩のテーマパークとして整備され、観光客で賑わっている。敷地内には、巨大な塩山があり、登ることができる。

けんたさん＆ツッチーの

DAY 3 旅の振り返り

ツッチー：そういえば、この日の朝はタイヤチューブを交換していましたよね？

けんたさん：2日目の最後のほう、走っていてもっさり感があったのでチェックしたら、ちょっとパンクしていました。台湾に限らずだけど、チューブ交換などのパンク対応は身につけておきたいですね。

ツッチー：もしくは、できる人と一緒に行く。

けんたさん：確かに（笑）。というわけで、この日はある意味でトラブルが結構ありましたね～。

ツッチー：え、そうでしたっけ？

けんたさん：千巧谷牛楽園牧場に寄ったのは……。

ツッチー：あ、私のお腹が減ってしまい……（汗）。

けんたさん：牛の絵とピンクの壁につられて、つい立ち寄り。3日目はこの旅で一番長い距離を走るというのに、ツッチーはお土産を大人買いしたり、めちゃくちゃ長居した（笑）。

ツッチー：けんたさんも牛のオブジェとかなり戯れていましたよね（笑）。

けんたさん：結果、意外と楽しい場所でしたね。でも、僕的には衝撃の事実を知った場所でもあり。

ツッチー：そうそう、眼鏡をホテルに忘れたことが発覚！

けんたさん：あれだけいつも、忘れ物チェックをしているのに……コンビニ受取で送ってもらえたからよかったけど。

ツッチー：3日目はそんなトラブルもありながら、160km走りましたね。

けんたさん：巡航速度は時速35kmくらいで走り続けられたのは、追い風のおかげ。でも、七股塩山に着く頃には……。

ツッチー：私は死んでました……。

けんたさん：僕も結構きつかった。でも、そのおかげで夕食の時のビールは格別に美味しかった！

DAY 4

Discover Ride
in Taiwan

台南市 → 枋寮郷
（屏東県）

160kmをライドした疲れがやや残る4日目。この日も追い風を受けながら、さらに南へと走る。ただし、台湾第2の都市「高《カオ》雄《シュン》市」で人気のおしゃれエリアに立ち寄るなど、3日目とは打って変わって観光多めのスケジュールに。高雄からさらに南下すると徐々に田舎の風景に変わっていく。112kmのコースだが、快晴の空の下、少しのんびり気分でスタートする！

昨日の160㎞の疲れか少し脚が重い朝

朝食を食べに1階へ行く

民宿の1階はオーナーが営むカフェ

自転車はここに置かせてもらっていた

出発前にコースの打ち合わせをしつつ

おしゃれなモーニングプレートで**エネルギーをチャージ**

最高気温27℃と夏日の予報の中
112km走る予定も
昨日とは違って観光が多めのライド
少しのんびりした気持ちで
4日目はスタートした！
朝は安定の
通勤ラッシュ
でも……
中正路
街を出るとまた快走モードに
目指すは台南と高雄《カオシュン》の県境近くの
漁港市場「興達《シンダー》港観光漁市」だ
ホテルから13kmほど走って
市場に到着
虱目魚《サバヒー》小子《ぼうや》のモデルの
サバヒーが目当てだ！

サバヒーを発見！

これは体長40㎝ほどだが
成魚は1m、天然物では
1・7mまで育つことも。
虱目魚《サバヒー》小子《ぼうや》に
どことなく似ているような……

露店ではサバヒーのすり身が
売られているので食べてみた

歯ごたえがありクセはなく
魚肉ソーセージに
似ていて食べやすい
サバヒー美味し！

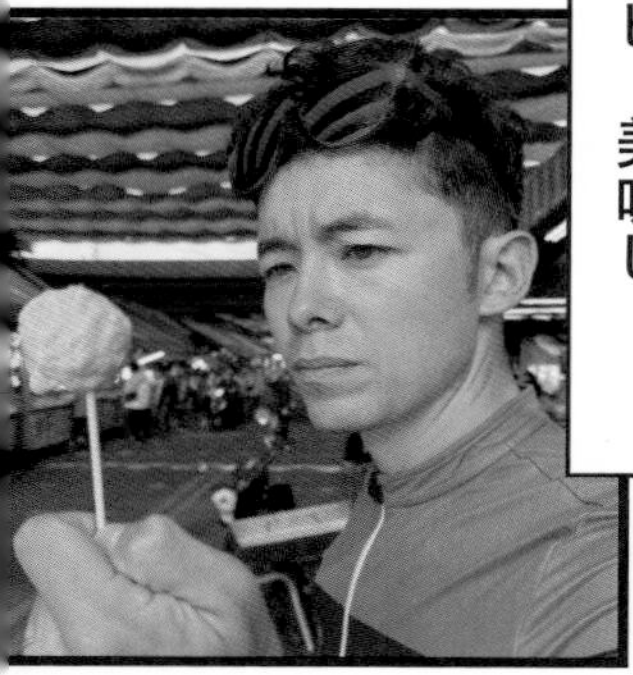

市場を出発して
次の目的地は
みんなから募集した
おすすめスポット！

走ること約30㎞。
「沐沐MUMU」に到着
台湾最大の石油会社
台湾中油が販売する
オリジナルアイス「中油氷棒」を
ここで食べられるという

サムさんも存在は知っていたが
食べたことはないという
このアイス
鳳梨
中油冰棒
Pineapple Ice bar
紅豆牛奶
中油冰棒
Red bean Milk ice bar

ガリガリ君
みたい
炎天下で火照った
体を冷ましてくれた。
いい休憩タイムだった

台湾第2の都市
高雄市に入り、湖の
蓮《レン》池《チ》潭《タン》に
謎の建物を発見！

有名パワースポット
龍虎塔
龍と虎をモチーフにした塔が2基立つ

中に入ると、薄暗い通路両側の壁には天国と地獄の様子が描かれていた
残念ながら改装中のため、1階のみの見学だけだったがなんとも不思議な空間だった

昼食はサムさんおすすめの「美華麵店」へ
龍虎塔のすぐ近くにあるお店だ
美華麵食
Mei-Hua noodles

野菜などの惣菜類を自分で選び

人気の牛肉麺を注文！
醤油ラーメンのような味付けで、汁の色とは真逆のあっさり系だ

ボリュームある！

食後は高雄の中心街を走り抜けつつ

高雄港へ向かう
文聖骨外科
平面
停車場

高雄の街を走る路面電車ライトレールの線路を横切り

港横の倉庫群をリノベーションしたエリアに到着

最新のショップやアートギャラリーが立ち並び

横浜にある赤レンガ倉庫のような
おしゃれな雰囲気
すっかり
観光客気分！

ちなみにここで
本日初めてギアを
インナーに入れる坂に
遭遇した！

高雄港から17号線を南下し、宿がある街「**枋寮《ファンリャオ》**」を目指す。

分離帯付きのバイクと自転車専用レーンがあり信号も少なく、巡行速度を長時間保って走れた

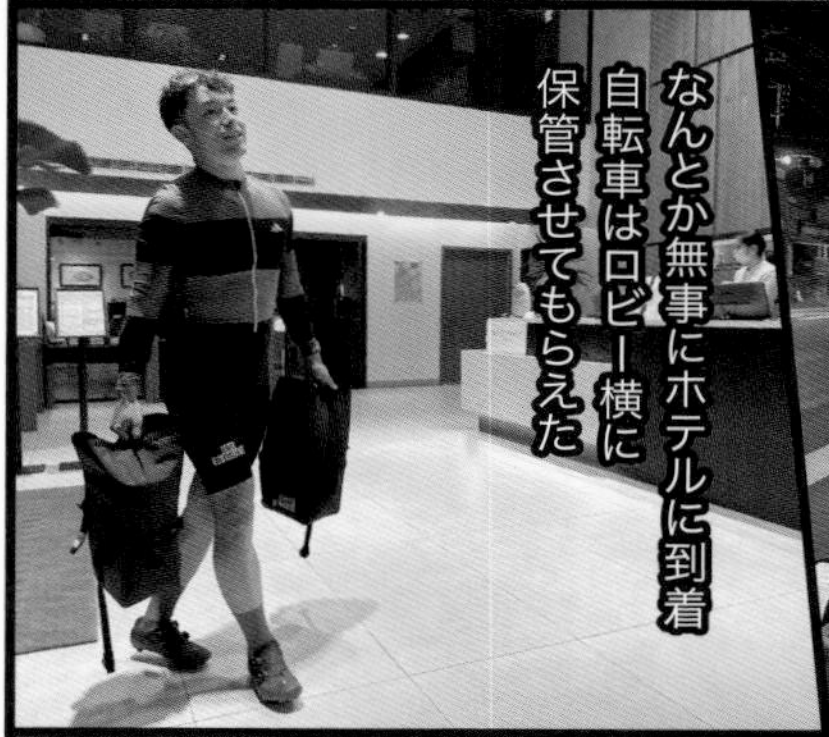

枋寮の街に入る頃にはあたりは真っ暗

なんとか無事にホテルに到着 自転車はロビー横に保管させてもらえた

ホテル近くのローカルレストランでまずは乾杯！

地元の人達で賑わう鍋料理店でサムさん、ツッチーと鴨鍋をつついたのだった

台湾 DAY 4 DATA

旅のしおり

09:00　果核抵家のカフェで朝食

10:00　４日目ライドスタート

10:45　興達港観光漁市（高雄市）で休憩・見学

12:15　沐沐MUMU（高雄市）で休憩・見学

13:15　龍虎塔（高雄市）を見学

13:30　美華麵店（高雄市）でランチ

15:00　高雄港（高雄市）を見学

18:30　枋客文旅FangLiao Hotel（屏東《ピントン》県）に到着

19:30　竹源姜母鴨で夕食

距離・標高

走行距離：112km　／　獲得標高：266m

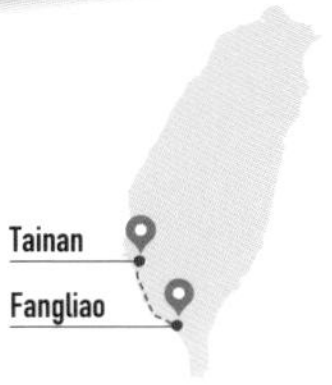

ライドコース

台南市の街中を抜け、海沿いの国道17号をしばらく走ると高雄市に入る。その国道17号沿いにある興達港で観光漁市に立ち寄り。国道17号に戻って南に進むと、高雄市の中心街に到着。沐沐MUMUで休憩、龍虎塔で観光、美華麵店でランチをした後は、高雄港を見学。再び国道17号に戻り、南下し枋寮郷（屏東県）にある本日の宿を目指す。

詳しくはDiscover RideのHPをご参照ください。
https://discover-ride.com/taiwan1000km/day_004.html

DAY 4 台南市 → 枋寮郷（屏東県）

＼名所／ ＼B級／ ＼美食／

旅のスポット情報

活気ある市場でサバヒー発見！

興達港観光漁市

台南市と高雄市の境近くにある興達港の魚市場。興達港漁会ビルの前に、おもに海産物を販売する屋台がずらりと並ぶ。揚げたてのカニや小魚、ゆでたてのヤリイカやエビといった魚介類のほかに、お茶やタピオカドリンク、お土産物なども売っている。屋台街を歩くだけでも楽しい。週末には大勢の観光客で賑わうスポットだ。ミルクフィッシュことサバヒーのすり身はここで購入した。

高雄のパワースポット

龍虎塔

高雄市の観光地「蓮池潭」のほとりに立つ「龍虎塔」。龍の口から入り、虎の口から出ると、災いが無くなり、福が来るとか。七重塔だが、訪れた時は改装工事中のため、1階のみの見学となった。

みんなのおすすめスポット！

沐沐MUMU

石油会社「台湾中油」が販売するアイス「中油氷棒」が食べられる「沐沐MUMU」は台湾中油の福利厚生施設の敷地内にある。1本16元（約80円）とお手頃価格で小豆、パイナップル、ミルクなどの味がある。

枋客文旅FangLiao Hotel

今日のお宿

港町のシティホテル

港町の枋寮には台湾の鉄道「南廻線」の発着駅である枋寮駅があり、そこから歩いて5分ほどのところにあるシティホテルに宿泊。自転車はロビー横に保管してもらえた。コインランドリーもあり。

横浜赤レンガ倉庫のようなおしゃれタウン

高雄港

高雄港にある1914年に建設された赤レンガの倉庫群をリノベーションしたエリアは、アーティストが集まるアートスポットとなっている。オシャレな本屋や雑貨店、ギャラリー、カフェがあり、独創的なモニュメントが立ち並ぶ。横浜の赤レンガ倉庫のようなおしゃれな雰囲気だ。けんたさんが訪れた日には、若者向けの音楽イベントが開催されて賑わっていた。

人気のローカルレストラン

竹源姜母鴨

枋寮駅前にあり、地元住民で賑わうローカルな鍋料理店。肉、野菜、豆腐など好みの具材を選び、テーブルに設置された鍋で煮込んでいただく。肉は鴨をチョイス。鍋のスープは生姜入りで、鴨肉と相性抜群。

台湾の国民食!

美華麵店

龍虎塔のすぐ近くにある中華麵店。人気の牛肉麺は国民食といえるほど台湾ではポピュラーなメニュー。土地ごとに有名店があり、地域や店によって味付けや工夫があるそうで、日本のラーメンとかなり似た料理だ。

けんたさん＆ツッチーの

DAY 4 旅の振り返り

ツッチー：4日目の「旅のしおり」（P67）を見て、ライドのスタート時間が遅いなと疑問に思った人がいるかもしれませんね。

けんたさん：この日の朝は宿のすぐ隣でお祭りがあって、大勢の人が宿の前に集まっていて……。出るに出られない状況でした。

ツッチー：決して前日に160kmを走って疲れていたために、のんびりしていたわけではありません。でも、体は少しずつ疲労が溜まっている感じでしたよね。

けんたさん：その意味では、4日目のライドは観光が多く、追い風の恩恵を引き続き受けながら走れたので、よかったです。

ツッチー：本物のサバヒーに会いに行って、台湾第2の都市、高雄に行きました。高雄の街中はやっぱりバイクが多かったですね。

けんたさん：ビッグスクーターの集団に遭遇したけど、同じ車種だったから試乗会だったのかな。でも、気持ちが慣れてしまえば、バイクの多さは心配しなくても大丈夫かな。それに台湾はサイクリストが多いから、車やバイクを運転している人も自転車が走っていることに慣れている感じがします。

ツッチー：そういえば、高雄を出てからはサイクリストとたくさん会いました。

けんたさん：自転車で台湾の北から南まで500kmを24時間で走るキャノンボールのようなイベントをやっていたみたいです。

ツッチー：高雄から宿まで同じようなルートを走っていましたよね。

けんたさん：そのおかげで、宿までひたすら走るという状況でも、一緒に大会に参加しているような気分で、テンションを上げて走り切れました（笑）。

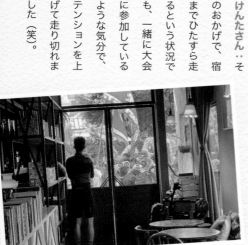

DAY 5

Discover Ride
in Taiwan

枋寮郷 → 満州郷

（屏東県）　（屏東県）

台湾一周の旅もいよいよ折り返し。国道1号線を走り、けんたさんの友達のライダーがカフェを営む町「恒春《ホンチュウン》」を経由し、台湾の最南端へ向かう。100km超のライドをくり返してきた中、比較的短距離の旅程で楽勝と思いきや、トラブルが発生！　みかねた友人ライダーが急遽サポートとして一緒に走ってくれるなど、結局話題に事欠かない一日となった。

5日目の朝
窓から明るい光が差し込む

快晴！
今日から台湾一周の
後半戦が始まる

とはいえ、
連日の疲れもあり
今日はリカバリーデイ

パッキングを
済ませて

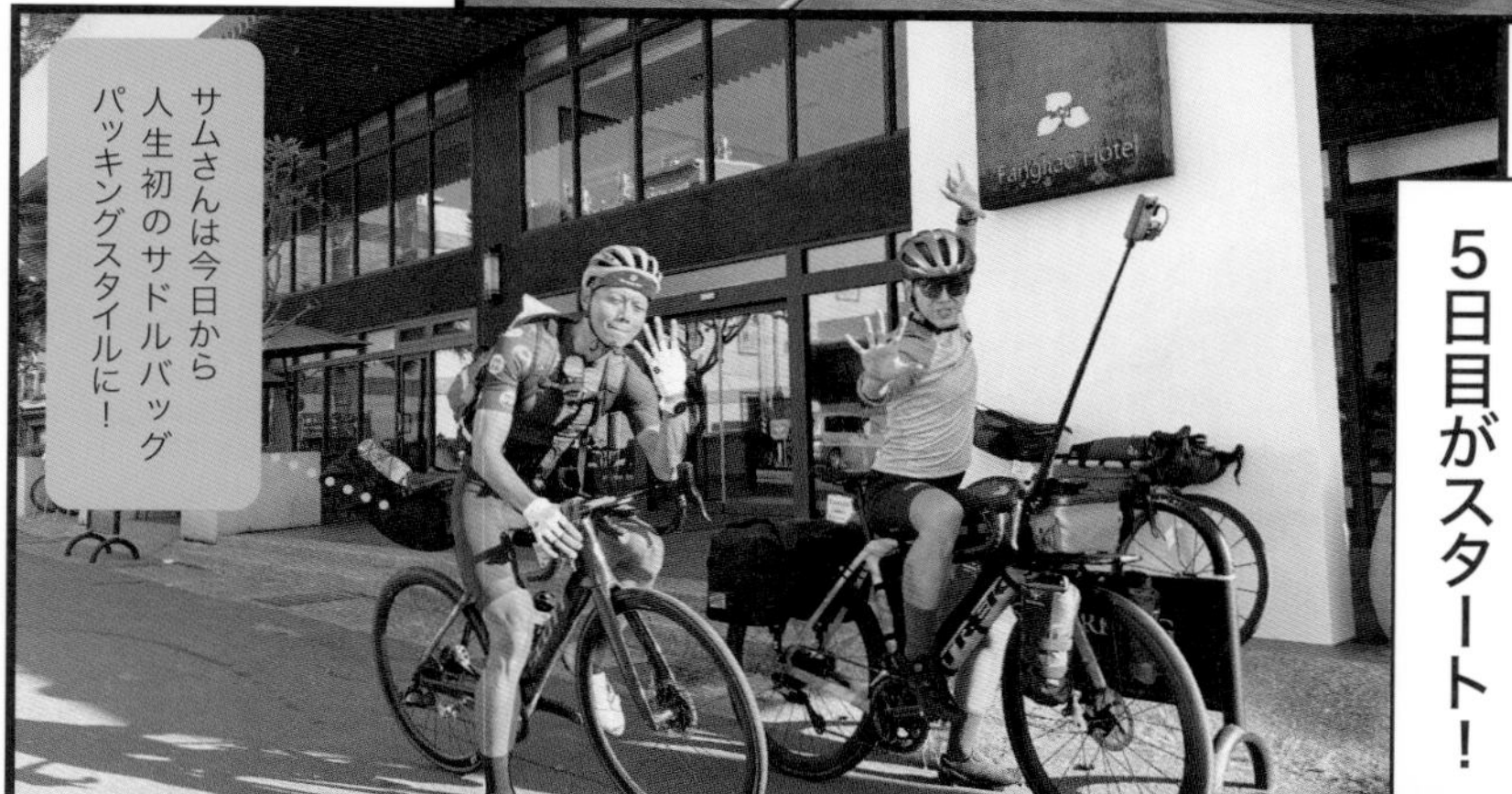

海岸沿いを76km走る
5日目がスタート！

サムさんは今日から
人生初のサドルバッグ
パッキングスタイルに！

いつものような通勤ラッシュがない静かな街を走るとすぐ近くの海岸に

枋寮(Fang Liao)のモニュメントを発見!

せっかくなので記念撮影
I
FANG LIAO

バイクパッキングが完成した3台の愛車を並べての記念撮影もしてみた

ツッチーのCinelli
僕のTREK
サムさんのSCOTT

海岸沿いの国道1号線を南下し恒春《ホンチュウン》に向かう途中で立ち寄ったのが「吉吉鮮果氷」

うたた寝するツッチーを横目に

僕が食べたのはフルーツMIXかき氷

マンゴー、スイカ、ドラゴンフルーツが山盛りだ

恒春に向けて再出発すると国道9号線との分岐点がある台湾一周の旅の重要地点だ

最南端まで行かず距離と旅程を短くしたい人は9号線を行く。あるいは1号線のちに26号線の車城という地点から199号線を進むルートもショートカットコース。今回、僕らは最南端まで行く最長ルートを進む。恒春へ続く26号線をひた走る

歴史を感じる城門をくぐり
最南端の町、恒春に到着

地元ライダーが集う
「LAUNCHER CLUB」という
かわいらしいカフェでランチ

ラップサンドはこんがり焼かれた
ベーコンの熱でチーズ、レタス、トマトも
ホンワカ温かく絶品だった！

店内でくつろいでいると
……アクシデント発生！

サムさんの自転車の
電動ディレイラーのバッテリーが
切れてしまった。
充電までに時間かかるため、
本日はこれ以上ガイドが
できない状況に……

そんなピンチに
カフェのオーナーで
地元のサイクリスト
リンダさんが
サポートライダーを
申し出てくれた！

実は僕の友人であり
台湾の自転車系YouTuberでもある

カフェから南に向かって
15分ほど走り

真っ青な
「南湾ビーチ（南湾遊憩区）」に着いた
国立公園「墾丁《ケンティン》国家公園」の中に
ある砂浜だ

リンダさん、こう見えて（？）実は強脚ライダー!!

サムさんに鍛えられている
僕とツッチーは
アップダウンのある海岸線を
なんとかついていく

鵝鑾鼻《ガランピ》灯塔公園に到着
入場料は大人60元、自転車30元

台湾最南端の
鵝鑾鼻灯塔で記念撮影
台湾全土で一番光力が強いそうだ

台湾ソーダで小休憩して
好喝《ハオフー》

灯台を出ると
いよいよ台湾の東側に突入

リンダさんが
ぜひ教えたいという
景勝地へ

「風吹砂《フォンツェーサー》」
道の端に砂地の断崖絶壁があり
北には明日以降走る山々が一望できる

いよいよ後半戦。
ちょっぴり感慨深くなった

本日の宿に到着
一棟貸切の超おしゃれ宿
謝謝！リンダさん！
リンダさんとはここでお別れ

サムさんも合流するがそれよりも…
素敵なリビングがある1階

2階におしゃれな洗面所と久しぶりの浴室が！

窓からは芝生と海を眺められ贅沢な空間にテンションが上がる！

夕食はホテルから1km離れたピザ屋さんに事前注文

これが度肝を抜く美味しさ！

3日ぶりのバスタブでリラックス！

ツッチーが購入してきたワインとビールを飲む！

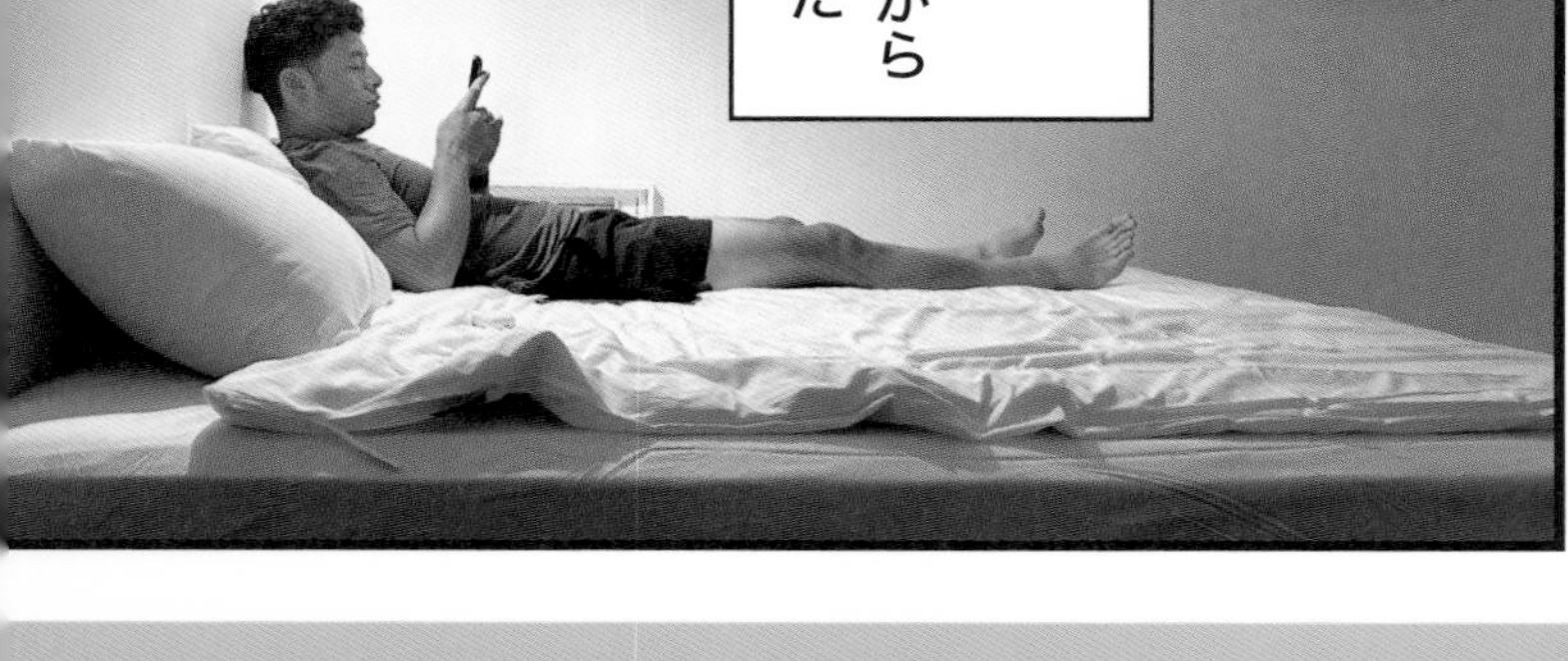

そして広いベットでまったりしながら眠るのであった

台湾

DAY 5 DATA

旅のしおり

08:00	ホテルからライドスタート
09:00	吉吉鮮果氷(枋山《ファンシャン》・屏東県)でスイーツ休憩
11:00	LAUNCHER CLUB(恒春・屏東県)でランチ
14:30	台湾最南端　鵝鑾鼻灯台(屏東県)を見学
15:30	風吹砂(満州《マンジョウ》・屏東県)で休憩
16:00	日日旅海(満州・屏東県)に到着・宿泊

距離・標高

走行距離：76.7km　／　獲得標高：455m

ライドコース

屏東県の枋寮のホテルから海沿いの道を走り、国道１号に合流。国道１号では海を右手に見ながらライド。途中、枋山郷で休憩をしながらも南下していく。国道１号と９号の分岐地点があり、９号に進むと台湾一周をショートカットできるが、今回は国道１号とそれに続く国道26号を進む。恒春エリアでランチをして台湾最南端の灯台を超えた後、屏東県東側の満州郷のホテルでゴール。

詳しくはDiscover RideのHPをご参照ください。
https://discover-ride.com/taiwan1000km/day_005.html

＼名所／ DAY 5 枋寮郷（屏東県）→ 満州郷（屏東県） ＼B級／

旅のスポット情報

〃美食〃

味付き氷が美味しい

吉吉鮮果氷

国道1号沿い、枋山郷にあったフルーツ店。マンゴーかき氷の看板が目印。フルーツMIXかき氷は、マンゴー、スイカ、ドラゴンフルーツが山盛りの豪華なメニュー。日本のとは違い、氷自体にも味が付いている。

旅の記念にパシャリ！

枋寮海堤

枋寮にある防潮堤でホテルからすぐの場所にある。台湾では「I♡地名（など）」の赤いモニュメントがよくあり、つい記念撮影をしてしまう。壁には魚などがモザイクタイルで表現されていた。

ライダーの憩いの場所

LAUNCHER CLUB

最南端の町、恒春にある地元ライダーで賑わうカフェ。ラップサンドは新鮮な野菜がたっぷり入っているのに、ギチギチに巻かれたラップサンドとは一線を画す食感。専属シェフが考案・監修しているとのこと。食後のケーキも美味しく、自転車の話で盛り上がり、つい長居してしまった。

日日旅海 Ocean Day by Day Hotel

今日のお宿

目の前に太平洋が広がる宿

目の前に太平洋が広がる敷地に建てられた真っ白でミニマムなデザインのホテル。３階建ての一棟貸切。１階がリビング＆ダイニング。２階が洗面と浴室、３階が寝室。もちろん自転車は室内に保管OK。

最南端の公園にある白い灯台

鵝鑾鼻灯塔

鵝鑾鼻灯塔は、同名の「鵝鑾鼻灯塔公園」の敷地内にある。ここは台湾最南端の公園。公園の入場料は大人60元、自転車30元。自転車を押しながら灯台まで向かうことができる。灯台が完成したのは1882年だが、第二次世界大戦時に爆撃で破壊されてしまい、何度かの修復を経ながら光度が強化され、現在は台湾全土で光力が一番強い灯台といわれている。ライドの休憩地点としても◎。

度肝を抜くほどの美味しさ

rock garden

ホテルから約1km離れたところにあるピザ屋さん。クリスピーな生地に濃厚なチーズがたっぷり。具材も生地のギリギリまで盛りつけてある絶品ピザだった。事前予約制なのでご注意を。

風と砂がつくった景勝地

風吹砂

台湾の東側に入って少し北上したところにある景勝地。季節風によって砂が動かされてつくりだされた地形のため、「風吹砂」の名前がつけられたそうだ。砂の色と草の緑、青い海のコントラストが美しい。

DAY 5 旅の振り返り

ツッチー：5日目は連日の疲れもあって、旅の中で最短の76㎞のライドコース。リカバリーデイという位置づけでした。

けんたさん：そして、意外なボーナスデイでもありましたね。

ツッチー：？

けんたさん：朝、ホテルを出る時にかつて台湾一周したというおじちゃんがバナナ2本をくれたり。

ツッチー：ああ！　その親切さに感動しつつも、そのバナナはホテルの朝食で出ていたものだったというツッコミがありましたね。

けんたさん：ほかにも意外なボーナス的なことがこの日はありました。

ツッチー：追い風のこと？　この日も追い風を受けてスピード感のある走りができましたよね。

けんたさん：それもボーナスと言えばそうだけど、山から吹き下ろす横風も強かったので、ハンドルを持っていかれたり、自転車ごと倒されないように気をつけて走ったエリアもありましたよ。

ツッチー：バンクシーの絵があったこと？

けんたさん：あれは標識（笑）。

ツッチー：急遽リンダさんがサポートライダーになってくれたこと？

けんたさん：確かに助かりました。でも、それはボーナスと言うより、ラッキーかな。

ツッチー：夕食のピザが美味しかったこと！

けんたさん：あれは美味しかった。でも、疲れた体をリカバリーする意味でのボーナスは……。

ツッチー：ああ、3日ぶりにバスタブに浸かれたことだ。日本人としてはやっぱり湯船に入らないとね。

けんたさん：そして入浴剤「バブ」があったこと。これぞ、リカバリーデイのボーナス！

DAY 6

Discover Ride
in Taiwan

満州郷（屏東県）→ 台東市（台東県）

台湾一周の旅もいよいよ後半戦。ここからは方角を変えて台湾の東側を北上していく。この6日目の旅が最も大変な道のりになるとサポートライダーのサムさんが言っていた通り、9日間で最も獲得標高が高く、距離も135km。しかも、これまで高速巡行を可能にした追い風は向かい風に変わってしまう。車体と荷物の重量を実感させられる1日となるのだった……。

6日目の朝
この日も快晴！

ホテル内のレストランで

ワンプレート
モーニングをいただく

台湾
一周の旅も
半分が過ぎ
体全体に
疲労感を
感じつつも

6日目の
ライドがスタート

本日のターゲットは台東《タントン》市。
約135kmの道のりだが
この旅で最も坂を上る
しかも北上するため、
向い風を受けることに。
車重が約27kgあるため
過酷な1日の始まりだ……

まもなくすると、
川で水浴びをする牛に遭遇
大きな街が続く
台湾の西側とは違う
ワイルドな雰囲気に驚く

二輪車専用レーンもあり
道路はよく整備されている
40
CAFÉ DU CYCLISTE
それにしても
6日連続のライドとなると
お尻がカチカチに硬い(笑)

そして本日の最大の難所
獲得標高約４５０ｍ、距離18㎞のヒルクライムに突入した！

ふと気づくと……
ツッチーが遅れてますね待ちますか？
大丈夫大丈夫
さすがサムズブートキャンプ！

とはいえ
しばし待つことに

プライベートタイム
ありがとうございます
サム師匠の前で
精一杯の強がり（笑）

アップダウンをくり返し
時に海沿いの道を走るが
強烈な向かい風……

景色もヤバイが
風もヤバイ!

ところで途中
カラフルな壁があったが
「パイワン族」と呼ばれる人たちが
暮らすエリアなのだそうだ

台湾全土で16民族が暮らしていて
独自の文化を感じられた

ヒルクライム中にランチで
立ち寄ったのがレストランの
我就知道原住民風味餐

チャーハンなど
シンプルな味付けで
これまでの香辛料豊かな
料理と全然違うのも
違いがあって面白い

そしてここが、本日最大のヒルクライムのゴールだ

ランチを終え、3㎞ほど上ると台東県に入る

海岸線まで3〜5%の下り坂が約10㎞

約450mの高低差を一気に下る。

サイクリストの味方 コンビニで小休憩

日本でもおなじみのファミリーマートは台湾で一番見かけるコンビニエンスストアだ

絶景の海岸線――
ただし向かい風は
爆風
ひたすらペダルを漕ぐのであった！
サムさん待って～

海岸線沿いを走ること約10㎞
台東県の大渓《ダーシー》という町に到着。
ツッチーが見つけた
カフェ「双亭院」へ
向かい風の中を黙々と走った
気分転換だ
カフェラテと
バニラアイスをのせた
ブラウニー
思わず「完璧」と
つぶやいてしまった
夕方5時30分の時点で残り40㎞。
国道9号線を北上して
本日のゴール台東市の
中心街を目指す
途中、ファミマで小休憩
本日2度目!

街中に入ると
交通量も一気に増えてきた

夜道を走ること
約1時間。
街のネオンが
見えてきた

自転車を部屋の中に置いたら

6日目のホテルに
無事到着

ホテルのすぐ横にある
焼き肉店へ
ボリュームたっぷりのディナーで、
最も過酷な1日の行程をねぎらい
達成感とビールに酔いしれるのだった

台湾 DAY 6 DATA

旅のしおり

09:30 ホテルからライドスタート

12:30 我就知道原住民風味餐（屏東県）でランチ

14:45 壽卡鐵馬駅站（屏東県）に到着・休憩

16:00 双亭院（台東県） でカフェ休憩

18:30 台東県・台東市の街中に到着

19:00 ホテル「旅人駅站鉄花文創二館」（台東県）に到着

距離・標高

走行距離：135.8km ／ 獲得標高：1257m

ライドコース

屏東県の満州郷にあるホテルをスタート後、国道26号（途中県道200号）を北上して、県道199号と合流する「牡丹《ムーダン》郷」のランチを目指して走る。199号と国道９号が合流する壽卡鐵馬驛站は屏東県と台東県の県境であり、本日最大のヒルクライムのゴール。台東県の海岸線（国道9号線）を向かい風に抗いながら北上し、台東市手前で国道11号に入り、本日の宿を目指していく。

詳しくはDiscover RideのHPをご参照ください。
https://discover-ride.com/taiwan1000km/day_002.html

DAY 6 満州郷（屏東県）→台東市（台東県）

＼名所／旅のスポット情報＼B級／＼美食／

海を眺めながら優雅な朝食

Under Star Lab

6日目に宿泊した「日日旅海 Ocean Day by Day Hotel」のカフェ。彩り鮮やかなワンプレートモーニングを、太平洋の青い海を眺めながら食べる。優雅な時間を堪能しながらも、今日の過酷な(?)ライドに備えてしっかりエネルギーをチャージする。

ヒルクライム中の救世主

我就知道原住民風味餐

県道199号線でヒルクライムの途中に立ち寄ったレストラン。このエリアは食事をできる場所が限られている。オープンエアの席で人も少なく居心地がよかった。チャーハンをはじめ5種類ほどをオーダーしたが、野菜メインの料理が多い。シンプルな味付けで素朴な家庭料理という印象。

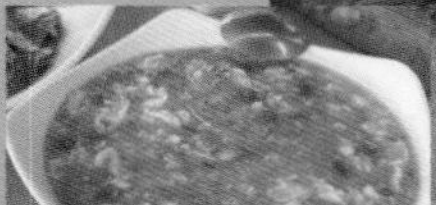

旅人駅站鉄花文創二館

今日のお宿

旧台東駅近くのシティホテル

台東市の中心地で旧台東駅舎のすぐ近くにあるシティホテル。市内観光に便利な場所にある。自転車は部屋の中で持っていき保管することができた。館内にランドリーもあり、設備は申し分なし。

ヒルクライムのゴール

壽卡鉄馬駅站

本日、最大のヒルクライムのゴールがサイクリングターミナル「壽卡鐵馬驛站」。屏東県と台東県の境に位置する。台湾一周を目指すライダー達が必ず立ち寄る「聖地」。フォトスポット以外に観光設備はないが、トイレや水飲み場も整備されていて、ありがたい休憩所だ。

焼肉で過酷な1日をねぎらう

昭和園一燒十味 台東店

宿泊した旅人駅站鉄花文創二館のすぐ横にある日本式の食べ放題焼肉店。鍋の食べ放題もセットになったボリュームたっぷりのディナーで、最も過酷な1日の行程をねぎらった。ビールが美味い！

急遽見つけたお店は大当たり！

双亭院

大渓という町にある休憩予定のカフェが臨時休業。急遽ツッチーが見つけた「瀧渓駅」の横のレストランへ。スイーツとカフェラテがとにかくおいしく、旅するおじさん3人が満場一致で「美味い」と唸った！

けんたさん＆ツッチーの

DAY 6 旅の振り返り

けんたさん：台湾一周も半分が過ぎ、台湾の東側に入った6日目は結構ハードな1日でした。

ツッチー：ホテルを出て、走り始めた瞬間から向かい風。その中でのヒルクライム、しんどかった〜。

けんたさん：僕は風がきつかった。これまでは追い風を背に受けて気持ちよく走れたけど、この日は向かってくる爆風の中でペダルを漕ぐ感じ。ヒルクライムより海沿いを走った時に風の影響をより受けて、いい景色のはずなのに楽しむ余裕が無かったかな。

ツッチー：山も海もしんどかった〜。

けんたさん：そんなわけでこの日のライドの進行具合は遅く、午後のカフェ休憩を終えた17時過ぎの時点で残り40㎞以上。

ツッチー：そのカフェが駅の近くにあり、その駅から電車で輪行すれば台東までラクに行けたのに……。

けんたさん：とはいえ、頑張って19時にはホテルに着きました。でも、ここでまさか、この日一番のハードな出来事にあうとは……。

ツッチー：ああ、サイクリスト集団の到来か！

けんたさん：そうです。ホテルに着くとホテルスタッフの人達がソワソワしているので理由を聞いたら、１００人以上のサイクリスト集団がこれから泊まりに来るとのこと。

ツッチー：それで、洗濯機を独占されてしまう前に疲れ切った体にムチを打ち、洗濯しに行ったんだよね。

けんたさん：ところが、そのサイクリスト集団はトラックでタテ型洗濯機を持参してきたという、なんともスケールの大きな集団で……結局慌てなくてよかったというオチがついたのでした。

ツッチー：ちなみにその方たちは、結構高齢の方が多く、台湾を北から南へ向かう旅をしているとのこと。台湾の高齢者サイクリストはエネルギッシュです！

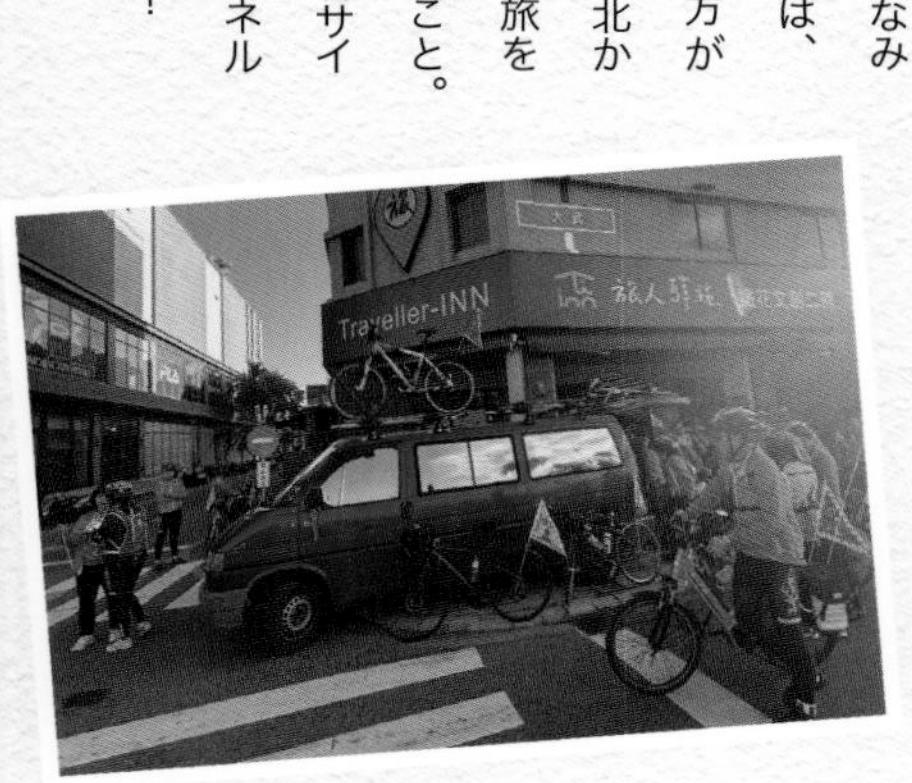

DAY 7

Discover Ride in Taiwan

台東市 → 瑞穂郷

（台東県）　　（花蓮県）

旅の終わりがそろそろ見えてくる7日目。行く手を阻む逆風を避けて、内陸の山間部にルートをとる。サムさんが自転車を好きになるきっかけとなった田園風景を見に行き、米どころとして名高い「池上《チーシャン》」で日本にも引けを取らない名産のお米をいただく。そして最後は温泉で締める。旅の楽しみである「景色」「食」「風呂」という3大要素が見事にそろった1日。

ホテルから徒歩10分の人気店「早点大王」へ。

今日の朝ごはんは中華式朝食

中華式の朝ごはんの定番「燒餅油條」もいただく。空気を含んだ棒状の揚げパン「油條」を饅頭の皮生地で包んだ食べ物だ

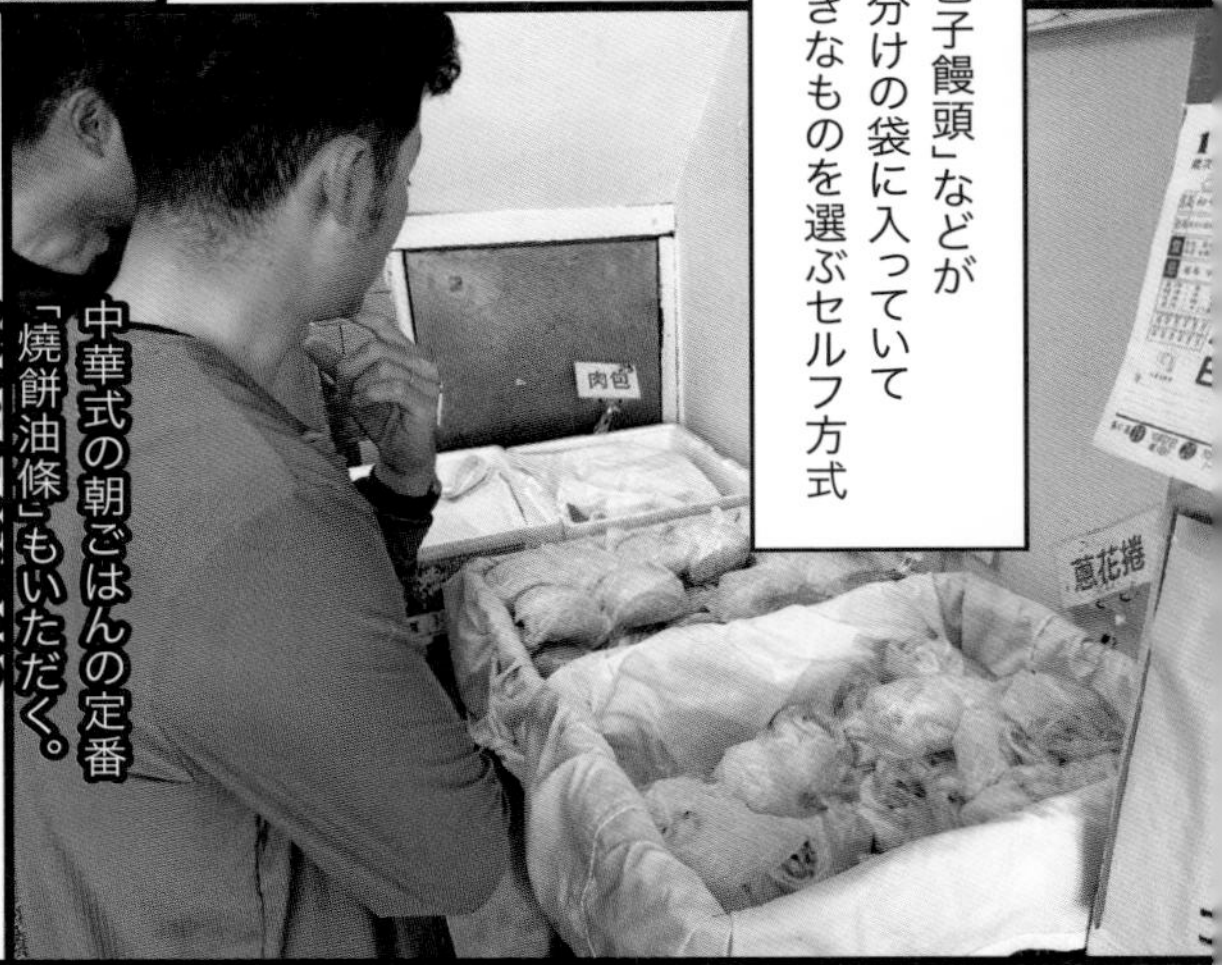

「包子饅頭」などが小分けの袋に入っていて好きなものを選ぶセルフ方式

7日目のルートの打合せ!

ドリンクも一緒に頼んで

朝食を終えると
鉄道好きのツッチーの
提案でホテル前にある
鉄道芸術村駅に
立ち寄り
かつて台湾東部の
中心駅だったが
2001年に廃駅となり、
今は列車や線路の一部が
保存されていた

7日目は
温泉が有名な「瑞穂《ルイシュイ》」がゴール
途中には、美しい田園風景が
見られるという

サムさんが
自転車好きになる
きっかけとなった
風景を楽しむ
112kmのライドだ！

スタートして約6km。
目の前にそびえるのは
台湾の五大山脈のうちの
ひとつ、中央山脈。
この先にサムさんおすすめの
風景があるという

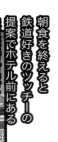

台湾を旅して7日目
とにかく道路の状態がよい

二輪車専用レーンが
充実していて
自転車乗りには心強い

気持ちよく走って約30㎞
鹿野《ルーイエ》という町に到着
昨日の疲労回復も兼ね、
一度この町で休憩

僕が台湾の旅を通じて
ファンになってしまった
ものがある

タピオカドリンク

紅茶・ミルク・タピオカというコンボが一般的だが、ここ「叮哥茶飲 DING GO」は、ナタデココやパッションフルーツ入り。

甘いけどさっぱりしたものが飲みたい時にはこれが大正解！

鹿野から約30km走ると

田園風景が少しずつ増え

収穫前と収穫後の田んぼが広がり始めた

池上《チーシャン》エリアに到着

ここは台湾随一の
良質なお米の産地である

田園風景の中を電動自転車で
走るのが人気だそうで
サイクリングコースも
充実していた

ランチは「池上好店」で
いただいた

「叉焼肉」という
台湾式のトンカツと
真っ白な池上産のご飯。
パン派の僕が珍しく
2回もおかわり!

ランチを終えると県道75号線へ
山間の道のため北風の影響を
ほぼ受けることがなく
しかも下り基調のルート
体力温存かつ
気持ちよく走れる!

花蓮県の南部の町「玉里《ユーリー》」で
線路脇のカフェ「誠家緑葉」へ

手作りのケーキを
いい大人3人が味比べ
しながら楽しんだ

サムさんが自転車に
ハマるきっかけとなった
おすすめのエリアだ！

北回帰線は、地球の北緯23.5度で夏至に太陽の真下となる位置。夏至の日の正午あたりに北回帰線上に立つと、影がなくなる現象を体験できるそうだ

本日のゴール手前5㎞。最後の休憩に立ち寄ったのが北回帰線記念公園

本日の宿はなんと部屋付き露天風呂！

台湾の三大温泉地のひとつ「瑞穂」に到着

宿から10分ほど歩き火鍋屋で夕飯

温泉でさっぱりしたところで夕食前の乾杯タイム！

瑞穂は山間部のため日が落ちると気温が下がる火鍋の温かさがありがたい

旅も残すところあと2日だ

台湾

DAY 7 DATA

旅のしおり

07:30　早点大王(台東県)で朝食

09:00　鉄道芸術村駅(台東県)を出発

10:30　叮哥茶飲 DING GOでタピオカ休憩

12:30　池上(台東県)に到着・見学

13:00　池上好店(台東県)でランチ

15:15　誠家緑葉(花蓮《ホワリエン》県)でカフェ休憩

17:00　北回帰線記念公園(花蓮県)で休憩

17:30　山下的厝温泉民宿(花蓮県)に到着・宿泊

19:30　瑪卡多庭園火鍋(花蓮県)で夕食

距離・標高

走行距離：112.2km　／　獲得標高：857m

ライドコース

台東市から海沿いの国道11号ではなく、少し内陸側を通る国道9号を走る。鹿野エリアで休憩し、田園風景が広がる池上エリアへ。池上で昼食を済ませたら、国道9号よりひとつ内陸側の道を走る。台東県から花蓮県に入り、玉里でカフェ休憩。玉里からは再び国道9号を走り、北回帰線記念公園、そして今日の宿がある瑞穂郷へと向かう。

詳しくはDiscover RideのHPをご参照ください。
https://discover-ride.com/taiwan1000km/day_007.html

DAY 7 台東市（台東県）→ 瑞穂郷（花蓮県）

\ 名所 / \ B級 / \\ 美食 //

旅のスポット情報

旧駅の遺構や車両を保存・展示

鉄道芸術村駅

ホテル前にある「鉄道芸術村駅」。かつて台湾東部の中心駅だった台東駅は2001年に廃駅になった。線路が残る広場はサムさんが参加したトライアスロン大会のゴール地点にもなっていたそうだ。

街で中華式の朝食

早点大王

営業時間が午前4時～午前10時までの朝食専門店。中華式朝ごはんの定番「燒餅油條」などが小分けの袋に入っており、好きなものを選ぶセルフ方式。店内の奥にイートインスペースがある。

田園風景の中をサイクリング

池上

鹿野から約30kmのところにある池上。台湾随一の良質なお米の産地。あたりに広がる田園風景の中を通る自転車道もある。電動自転車でサイクリングするのが今人気のアクティビティなのだそうだ。

甘酸っぱいタピオカドリンク

叮哥茶飲 DING GO 鹿野店

鹿野という町にある紅茶店。ここのタピオカドリンクはひと味違い、ナタデココやパッションフルーツが入っている。パッションフルーツの酸味とタピオカの甘さの両方が楽しめる。

今日のお宿

山下的厝温泉民宿

露天風呂で疲れを癒す

台湾の三大温泉地のひとつ「瑞穂」にある宿。露天風呂付きの部屋に泊まる。ここの温泉は鉄分を含んだ黄色いお湯が特徴で、「黄金温泉」とも呼ばれているそうだ。連日の疲れを癒す。

電車を眺められるカフェ

誠家緑葉

花蓮県の南部に位置する町「玉里」の線路脇にあるカフェ。豊富な豆の品揃えから好きなコーヒーを頼めるほか、ラテやレモンスカッシュもある。オーナー手作りのケーキも美味しい。

池上産のお米を堪能

池上好店

池上エリアの繁華街にあり、池上産のご飯を食べられる。「叉焼肉」という台湾式のトンカツをおかずに真っ白な池上産のご飯をいただいた。少し固めの食感だが、つやがあり、台湾のどこのお店のご飯よりも美味。

新鮮な山菜鍋で温まる

瑪卡多庭園火鍋

宿から10分ほど歩いたところにある火鍋屋。まずは数種類のスープから味を選び、次にお肉の種類（鳥、豚、牛など）を選ぶ。肉だけでなく山菜を中心とした野菜も新鮮で美味しい。

瑞穂の観光で必訪のスポット

北回帰線記念公園

北緯23.5度に位置する北回帰線の標塔がある公園。白色の日時計の形をしたオブジェがそれ。台湾では北回帰線を境に北側は亜熱帯で、南側は熱帯と気候区分が分かれるそうだ。

けんたさん＆ツッチーの

DAY 7 旅の振り返り

けんたさん：7日目はサムさんがロングライドにハマるきっかけとなったエリアでしたね。

ツッチー：そう。ちなみにサムさんは奥様とも台湾一周をしていて、その時、今回ランチに寄った「池上好店」に行こうとしたけど、定休日で入れず。今回はそのリベンジでもありました。

けんたさん：お米は美味しいし、風景もよし。また、サイクリングロードも整備されていました。サムさんだけじゃなく、誰でも自転車で旅することの魅力にハマる場所でした。

ツッチー：実際に台湾の人たちも観光で訪れて、電動自転車でサイクリングロードを観光しているみたいだしね。

けんたさん：そんなサムさんの思い出の地で、ちょっと僕がやらかしちゃって。

ツッチー：YouTubeでDAY7の動画を見た方はすでにご存知だと思いますが……。

けんたさん：撮影中の音声が録れていないという痛恨のミス。カメラにマイクがきちんと挿さってなかったみたいで、そのまま夕方のカフェ休憩の時まで気づくことなく……。

ツッチー：しかも道中、台湾の東側の歴史や文化、魅力をサムさんがしっかり語ってくれていて……。

けんたさん：それなのに、強制的にカットとなってしまいました。サムさん、本当にごめんなさい。でも、いろいろ教えてくれたおかげで、動画の中でなんとか解説できました！

ツッチー：そんなことがありつつも……三大温泉地のひとつ瑞穂の宿はよかったよね。

けんたさん：この宿もサムさんが選んでくれたんだよね〜（泣）。

ツッチー：まあまあ、これも旅のいい思い出。温泉入って気持ちを切り替えましょう！

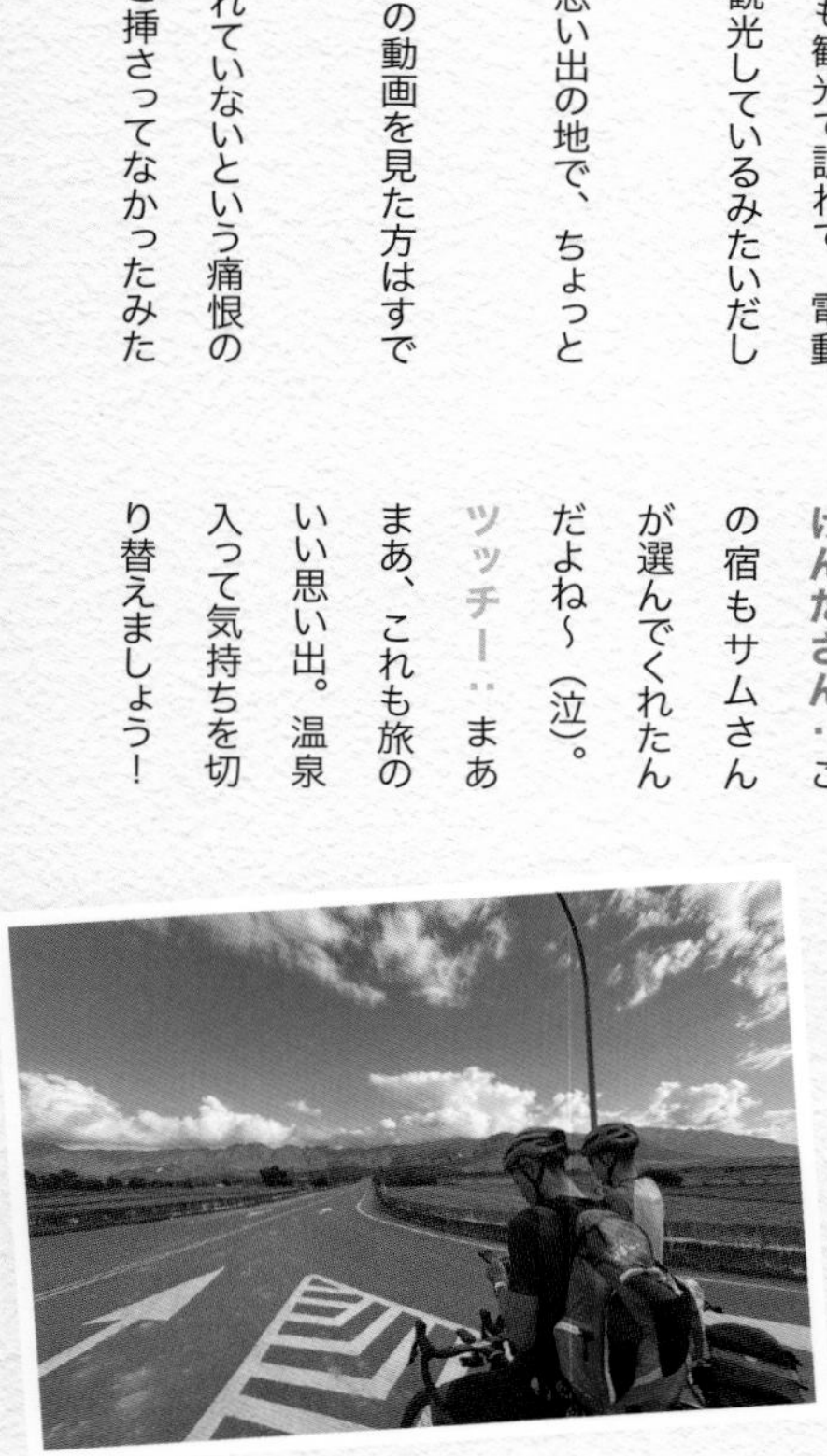

DAY 8

Discover Ride
in Taiwan

瑞穂郷 → 礁渓郷

（花蓮県）　（宜蘭県）

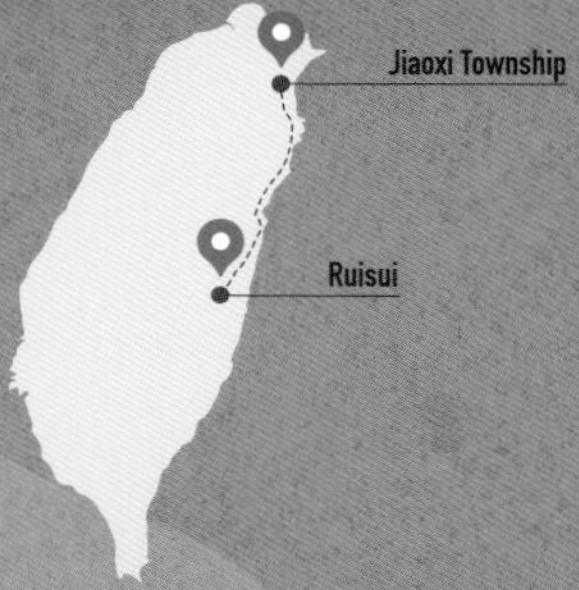

旅もついに残り2日。移動距離は普通に走ると180km超えだが、実はその距離をワープする秘策がある。とにもかくにも台湾で最も面積が大きな花蓮《ホワリエン》県を縦断するため、瑞穂から国道9号を軸に北上していく。その途中2つのビジターセンターやドリンク休憩を挟みながら、花蓮県の中心地、花蓮市に到着。ここから3人はワープ作戦を実行するのだった！

8日目の朝
朝から温泉に浸かり
宿の食堂で食べた
胃に優しいお粥定食で
山下的厝
昨日までの疲れがとれ、
体が軽くなっていく
8日目の移動距離は
なんと180㎞超!!
でも、足取りは軽い
それにはちょっとした
理由があるのだが……

今日はいろいろ立ち寄りながら
お昼過ぎまでに70km先
花蓮《ホワリエン》県の中心地・花蓮駅を目指す

宿をスタートして約5km地点の
ビジターセンター「鶴岡遊客中心」

ここには
無料の充電スポット

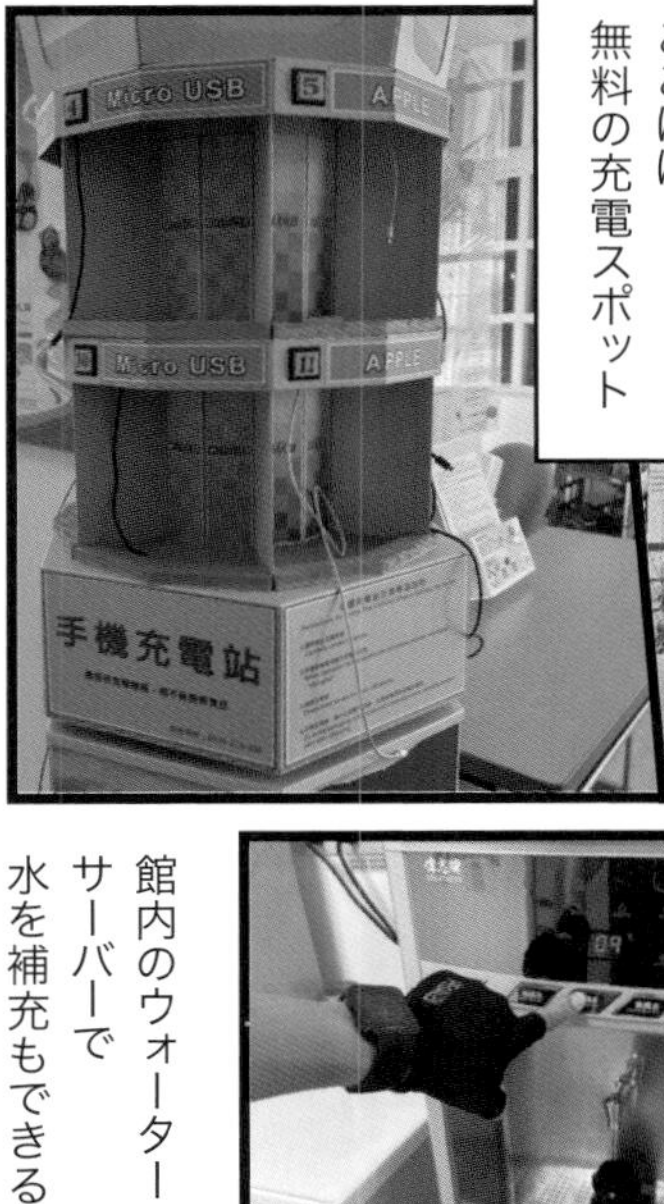

自転車タイヤの空気入れ
などがあり

館内のウォーター
サーバーで
水を補充もできる

ぬるま湯も
あり！

次に向かったのは
国道9号線を10㎞ほど走って
脇道に入ったところにある

花蓮平地森林園区

エリア内には20㎞近くの
サイクリングロードがあり
ここを通るのがサムさん
おすすめのルート

森林浴を楽しみながら
のんびり走ることができる

森林公園の中心にある
「大農大富森林園区遊客中心」

いわゆるビジター
センター。
ここのカフェで
コーヒーブレイク

再び花蓮を
目指すのだが……

約20km走って
「鳳林《フォンリン》」エリアに到着すると
小腹が空いたツッチーの
リクエストが入る

スイーツ休憩！

立ち寄ったのは
アイス屋さんの
「三立氷淇淋」

抹茶とバニラのアイスに、
小豆・タロイモ団子・
パッションフルーツゼリーの
トッピングをチョイス
アイスは濃厚〜〜〜！

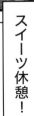

スイーツ休憩から
約35kmは
ノンストップ!

走って

走って
東華大橋

実はこの先にある花蓮県海沿いの
蘇花《スファ》公路
(国道9号線=台9線の一部)は、
道路の幅員が狭く大型トラックも
行き交う上級者コース
そのため自転車で台湾一周をする人の
多くは、花蓮駅から
ある手段を使うのだ……

これが朝から足取りが軽かった理由

電車輪行で花蓮駅から礁渓《ジアオシー》駅まで約100kmをワープ！

エレベーターも

改札も

最後尾の車両に自転車と一緒に電車に乗り込む

ホームの移動もスムーズにでき

あら不思議！
1時間半の鉄道旅のスタートです!!

前輪と後輪を固定したら

改札横で購入した「台鉄弁当」と車窓からの景色を楽しむランチタイム

大人1名+自転車1台で
363元(約1700円)
この値段で約100km
移動できるのはかなりお得だ

駅前の繫華街を走って
1km先の宿へ

礁渓駅に到着したら
間髪入れずにライド再開

自転車は部屋に
置かせてもらうことができた

久しぶりに
明るいうちに宿に到着！
今日泊まるのは
コンドミニアム風な温泉宿

地ビールと一緒に
台湾一周最後の
夕食を楽しむ

夕飯は町で評判の台湾料理店
「拾松辦棹小吃」から
Uber Eatsでオーダー

3人で走るのもあと1日
ちょっぴり寂しくなる夜だった

台湾 DAY 8 DATA

旅のしおり

08:00　ホテルで朝食

09:00　ライドスタート

09:15　鶴岡遊客中心（花蓮県）で空気補充

10:30　大農大富森林園区遊客中心（花蓮県）で休憩

11:45　三立氷淇淋（花蓮県）でスイーツ休憩

13:45　花蓮駅に到着

14:10　台鉄夢工場で駅弁を購入

14:30　花蓮駅を電車「自強号」で出発

16:00　礁渓駅（宜蘭《イーラン》県）に電車で到着

16:15　Onsense Villa（宜蘭県）に到着・宿泊

距離・標高

走行距離：**182.9km**　／　獲得標高：**494m**

（内 105km は電車輪行）　（内 60m は電車輪行）

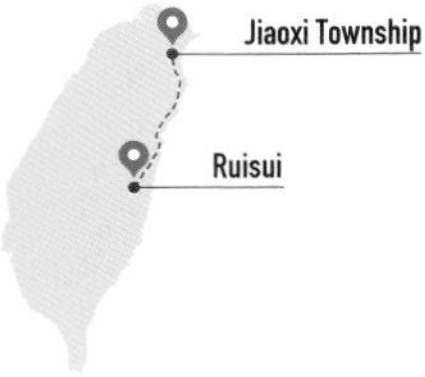

ライドコース

瑞穂の宿から県道193号を走り、鶴岡遊客中心に立ち寄ったあと、国道９号を走り、大農大富森林園区遊客中心へ。再び国道9号を北上し、鳳林にある三立氷淇淋でスイーツ休憩。国道9号から国道11号に入り、花蓮市内へ向かい、花蓮駅に到着。駅弁を買い、自転車をそのまま電車に積み込んだら、ここから105kmは電車移動。礁渓駅に到着後はそのまま近くの宿へと向かう。

詳しくはDiscover RideのHPをご参照ください。
https://discover-ride.com/taiwan1000km/day_008.html

＼名所／ **DAY 8** 瑞穂郷（花蓮県）→ 礁渓郷（宜蘭県） ＼B級／

旅のスポット情報

＝美食＝

いざという時の心強い味方

交通部観光署（台湾観光庁）
花東縦谷国家風景区管理処
鶴岡遊客中心

宿をスタートして約5km地点のビジターセンター「鶴岡遊客中心」。ここには無料の充電スポット、トイレ、ウォーターサーバー、自転車のタイヤの空気入れなどが整っている。地図アプリや撮影などでスマホを酷使する自転車旅に充電スポットはありがたい。

迷うほど種類が豊富！

三立氷淇淋

鳳林にあるアイスクリーム屋さん「三立氷淇淋」。アイスの数と種類、トッピングを選べるのだが、小豆やフルーツゼリーからタロイモ団子までとにかく種類が豊富。アイスは濃厚な味だった。

途中休憩にぴったり！

大農大富森林園区遊客中心

花蓮平地森林園区には20km近くのサイクリングロードがある。公園の中心に位置するビジターセンター「大農大富森林園区遊客中心」にはトイレ、カフェ、お土産ショップが入っている。

Onsense Villa

その名の通り温泉もある！

駅から自転車で約５分のところにある宿。A棟、B棟、C棟にわかれ、各棟３階から５階に客室が設けられている。各棟の１階と２階は共同のキッチンとダイニング。自転車は１階のキッチンに置かせてもらった。

ワープの始まりはここ！

花蓮駅

駅舎内はもちろん、改札内やホームに降りるエレベーター、そしてホームまでも自転車を押しながら歩いていける。今回乗った電車は「自強号」。花蓮駅から礁渓駅まで大人1名+自転車1台で363元（約1700円）。この値段で105kmを１時間半で移動できるのはお得だ。

駅舎を出ると足湯あり！

礁渓駅

礁渓は台湾で有数の温泉地で、駅前には足湯もある。礁渓駅内も自転車を押して歩き、駅を出たら、そのまま走り出せる。自転車を組み立てる必要がないので、とても手軽な輪行であった。

ランチは台湾の駅弁！

台鉄夢工場 花蓮店

改札横にあるコンビニのような佇まいのお店では「台鉄弁当」が販売されていた。ご飯の上に豚のスペアリブと煮卵がのった温かいお弁当、そして列車の形の容器に入ったお茶を購入した。

DAY 8 旅の振り返り

ツッチー：8日目のハイライトはやっぱり電車輪行でしょう。

けんたさん：そうですね。電車でワープしてしまう区間を走ってみたい気持ちはありつつも、台湾の人達もこの区間は電車を利用して台湾一周をするというので、無理せず電車輪行でよかったです。

ツッチー：駅弁も食べれたし、移動中ゆっくりできたし。幸せでした〜。

けんたさん：日本だとサイクルトレインなどを除いて、基本的に自転車は輪行袋に入れなければ電車に乗れないけど、台湾では自転車を輪行袋に入れず、そのまま電車に乗せられるケースが多いですよね。

ツッチー：けんたさんの言う通り。でも、すべての電車が、そのまま自転車を載せていいかというとそうでもなくて……。

けんたさん：だから念のため輪行袋を持参しました。

ツッチー：私も輪行袋を持ってきていたのですが、旅の途中は荷物になるので、台北を出る前に宅急便の手続きをし、花蓮駅のコンビニで受け取る手配をしていました。

けんたさん：というわけで、自転車を輪行袋に入れずそのまま電車に乗せられるか。それとも輪行袋に入れなければいけないか。わからないまま、この日はスタートしたのでした。

ツッチー：輪行袋に自転車を入れるとなると、ちょっと時間がかかるから、早めに花蓮駅に着きたいところなのに……。

けんたさん：僕とツッチーは、花蓮駅まで35㎞の地点でスイーツ休憩を堪能。

ツッチー：さすがにサムさんも焦っていましたね。

けんたさん：駅に着いたのは発車時刻の40分前。自転車をそのまま載せられる電車で、ラッキーでした。

DAY 9

Discover Ride
in Taiwan

礁溪郷 → 台北市
（宜蘭県）

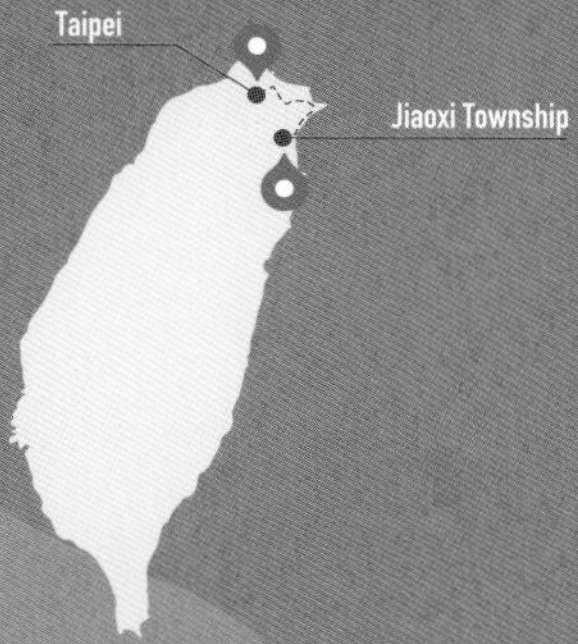

台湾を縁どるように走った9日間、1000kmの旅もついにオーラス。最終日は、国道9号を北上し、北関海潮公園での休憩を挟みながら、まずは福隆《フーロン》を目指す。2023年5月の旅でも訪れたエリアで念願の中華ランチを堪能する予定。そこからは台北市内へと続くサイクリングロードをパレードランだ。あとわずかで終わる旅を惜しみながら走り進めよう。

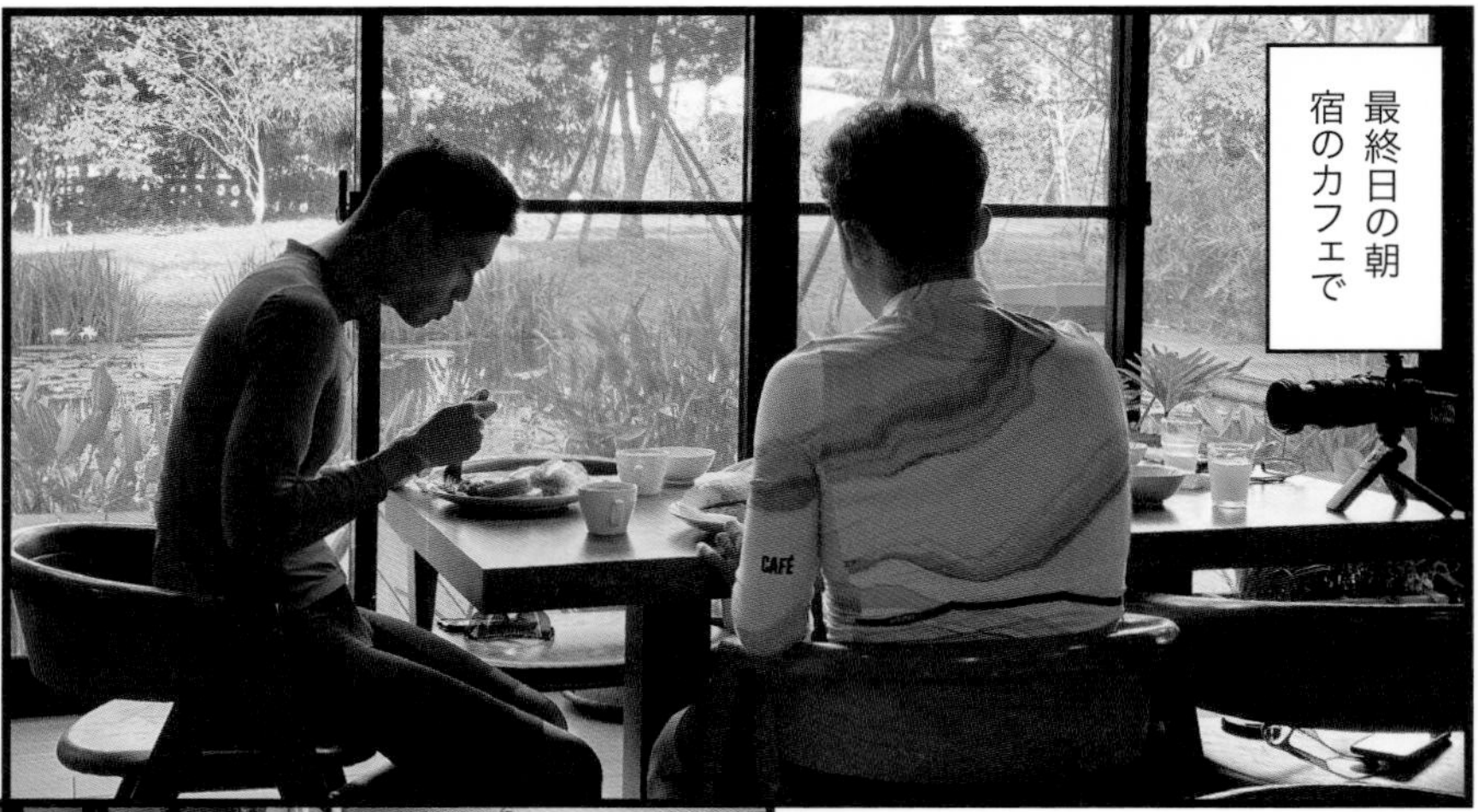
最終日の朝
宿のカフェで

今日で台湾一周が終わるのかと思うと
実感がないような感慨深いような……

カラフルで美味しい朝食

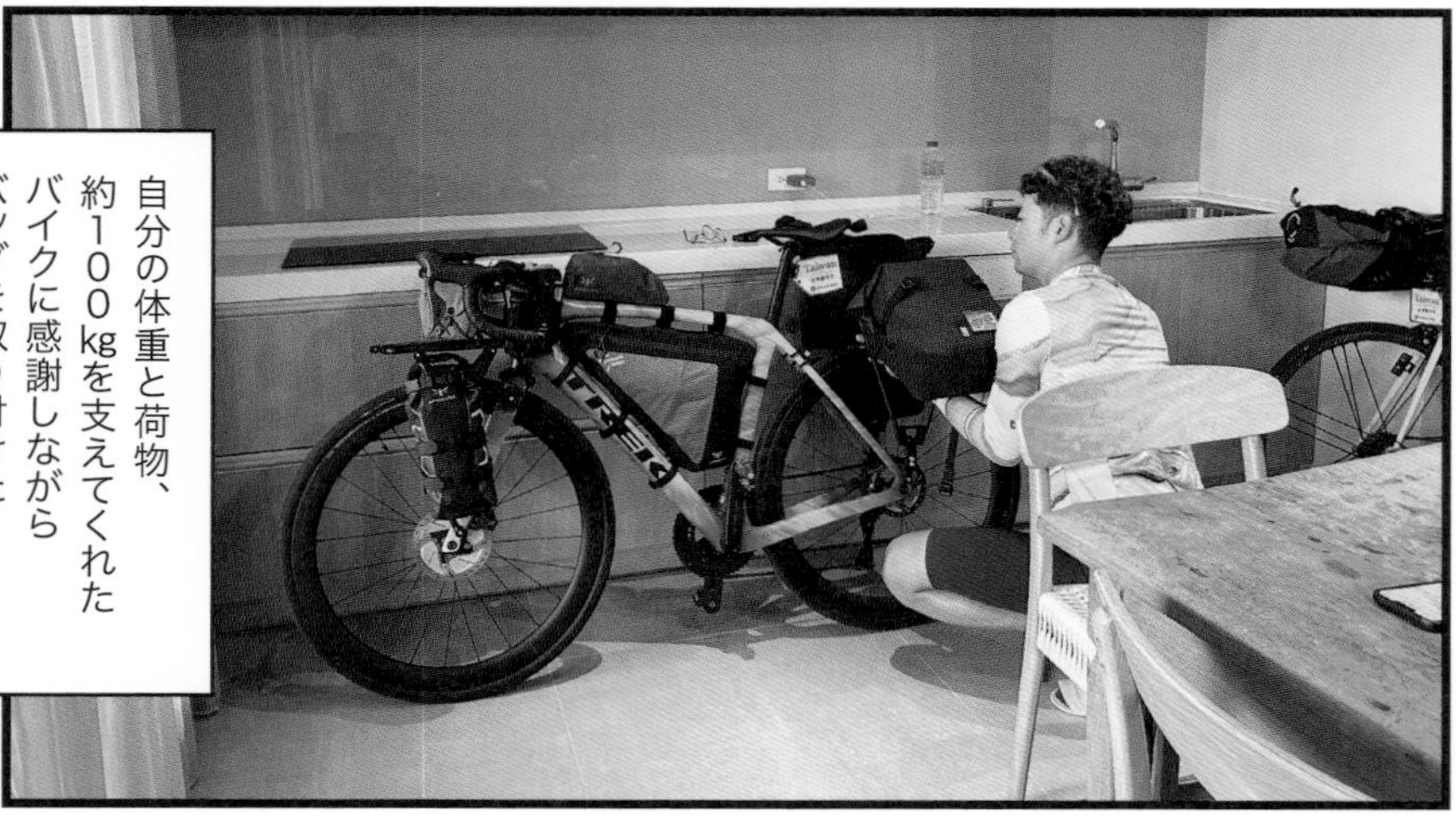
自分の体重と荷物、約100kgを支えてくれたバイクに感謝しながらバッグを取り付けた

天気にも恵まれた最終日
目的地は当然、旅のスタート地点だ

台北市内・松山駅へ
約90㎞のライドが始まる

まずは
礁渓《ジアオシー》の街を抜けて
国道2号線へ

国道2号線は
二輪車専用レーンがあるものの
トラックなどの大型車両も多く
注意が必要だ

でも、海沿いの道なので
景色は最高！

宿をスタートして約17km
海の向こうを悠々泳ぐ
亀のようなものを発見！

その眺望を楽しめる
人気の観光地「北関海潮公園」で
ちょっと休憩して
北關海潮公園
Beiguan Tidal Park

亀山島をバックに
亀ポーズを決めてみた！

休憩を終えて引き続き
国道9号線を北上

国道と並行して台湾鉄道が行き交う

昨日の電車輪行で乗車した列車も走っていた

国道2号線からサイクリングロードへ

旧草嶺トンネルに到着

廃線となったトンネルを北台湾で初めてリニューアルした自転車道（全長2167m）

トンネルの中は
ひんやりと涼しく快適
週末は観光客が
レンタル自転車で訪れる
人気スポットだ

2023年5月に
サムさん、ツッチーと
訪れた「福隆《フーロン》」に到着

その時に宿泊したホテル「福容大飯店」の中にある中華レストラン「福粤楼」へ

忘れられないほどおいしかった野菜とソーセージのXO醤炒めシーフード炒飯などを堪能！

朝から楽しみだったランチを終え、山に入る国道2号線で「基隆《キールン》市」へと進む

旅の道しるべ「環島1号線」の看板もそろそろ見納め……

基隆市のカフェ「Khehsio coffee studio」で休憩

ティラミス、タルト、チーズケーキどれもコーヒーに合うスイーツをいただく

あとは台北市内に向けて
川沿いの自転車道を走る
ゴールの松山駅まで
残り26km！

自転車進入用の
バリケードを通り
いざサイクリングロードへ

遠くに台北のランドマーク
「台北101」が見えてきた
夕暮れに包まれながら
ゴールまで残り約1kmを走る

松山駅が近づいてきた

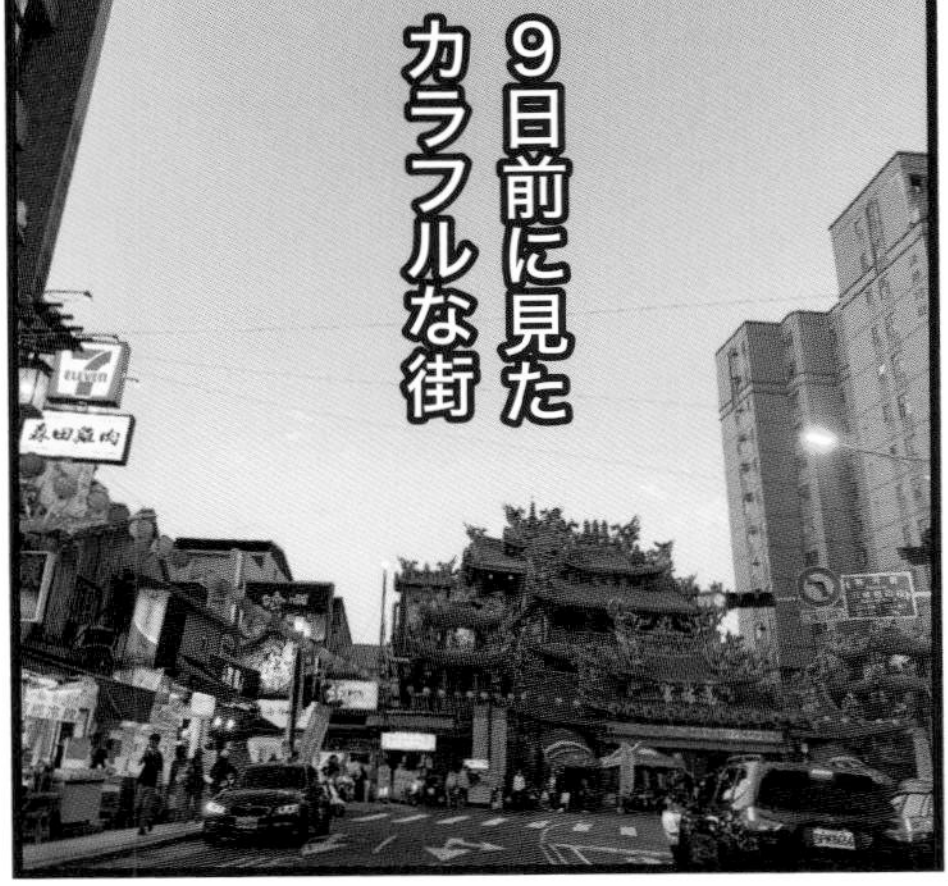
9日前に見た
カラフルな街

祝

台湾一周完走!!

夕方5時、ついにこの旅のゴール
「松山駅」に到着した
サムさんの家族と友人が
お祝いのレイをもってお出迎え

さらにサムさんからのサプライズで
台湾自転車協会発行の
台湾一周証明書を
プレゼントしてくれたのだった

台湾

DAY 9 DATA

旅のしおり

09:00	宿で朝食
09:30	宿を出発
10:30	北関海潮公園（宜蘭県）に到着・休憩
11:15	旧草嶺トンネル（新北《シンペイ》市）を走る
12:00	福粤楼（新北市）でランチ
15:00	Khehsio coffee studio（基隆市）でカフェ休憩
17:00	松山駅（台北市）で台湾一周ゴール
17:30	Green World Songshan（台北市）で宿泊

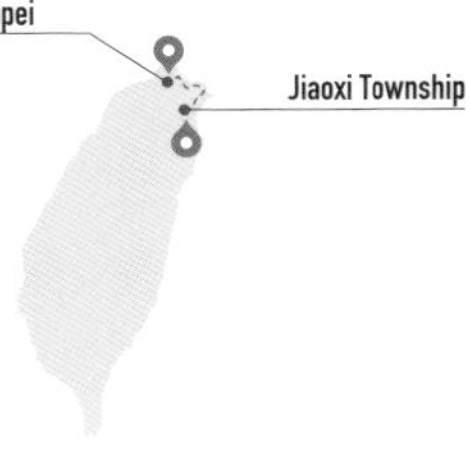

距離・標高

走行距離：**92.8km** ／ 獲得標高：**624m**

ライドコース

宜蘭県の礁渓にあるホテルから国道２号に入り、北上して行く。国道２号は海沿いを通る道で太平洋を右手に見ながら走ることができる。途中、北関海潮公園で休憩し、旧草嶺トンネルへ。2km以上続くトンネルを抜けると、ランチスポットの福隆に到着。午後は山側を通る国道２号で峠越え。新北市を抜け、基隆市の基隆河沿いのサイクリングルートを走って、ゴールの台北市の松山駅を目指す。

詳しくはDiscover RideのHPをご参照ください。
https://discover-ride.com/taiwan1000km/day_009.html

DAY 9 礁渓郷（宜蘭県）→台北市

名所 旅のスポット情報 B級 美食

自然がつくりだした風景

北関海潮公園

太平洋に面した一番大きな岩壁の上につくられた北関海潮公園。歩道を散策しながら、奇岩や、そこに打ち寄せる波など迫力ある風景が楽しめる。宜蘭県の観光名所のひとつ。海の向うには亀の形に似た亀山島が浮かぶ。公園近くには食堂が軒を並べており、海鮮料理が楽しめるそうだ。

トンネル自転車道で快走！

旧草嶺鉄道（トンネル）

日本統治時代に鉄道が敷設され、草嶺山脈を通り抜ける草嶺トンネルが1924年に貫通。しかし、1986年に別の場所に新しい草嶺トンネルを設けたため、旧トンネルは閉鎖。その後、放置されていたが、2009年に全長2167メートルのサイクリングトンネルとして復活した。週末には多くの観光客が自転車で走るという。

今日のお宿

Green World Songshan

台湾一周完走後の宿

松山駅すぐ近くにあるホテルなので、達成後の宿泊にはもってこい。当然、交通の便もよいエリアなので、帰りの空港へのアクセスもよし。サムさんからもらった完走証明書を抱いて眠るのであった。

忘れられない味に再会！

福粤楼

2023年５月に旅した福隆エリア。その時に宿泊したホテル「福容大飯店」の中にある中華レストラン「福粤楼」の味が忘れられず、今回の台湾一周の旅で再訪を楽しみにしていた。「野菜とソーセージのXO醤炒め」や「シーフード炒飯」などを注文。ホテルの中華レストランゆえに料金は高いが、最高の味を思う存分堪能した。

ゴール前のスイーツ休憩

Khehsio coffee studio

峠越えのご褒美に立ち寄った基隆市にあるカフェ。こだわりコーヒーのほか、紅茶やフルーツティーも用意している。ケーキは３種注文。台北まであと少しだったからか、すでにゴールしたかのように思わずリラックスモードになり、つい長居してしまった。

Taiwan in 9 days

We cycled around

Taiwan

CAFÉ DU CYCLISTE

TBA
TBA

DAY 9

旅の振り返り

ツッチー：最終日の9日目は風の影響がほとんどなくなり、最高気温32度の中でのライドでした。暑いくらいでしたね。

けんたさん：90㎞ちょっとのライドで、最終日ということもあるし、2023年5月に走った福隆エリアを通るというのもあって、少し暑かったけどリラックスして走れました。

ツッチー：そうですね。初日以降は初めて行くエリアだったので、そのぶん興奮や刺激はあったけど、落ち着いて走る感じは無かったかもしれません。

けんたさん：福隆エリアから台北までの道は、もう走り慣れた道のように感じていました。実際に走るのはまだ二度目なのに「帰ってきた感」がすごくありましたね。

ツッチー：その福隆エリアでは、以前の旅で感動した中華料理を再び食べることができました。

けんたさん：台湾一周のご褒美みたいな感じで、朝から楽しみで仕方なかったし、やっぱり感動するほど美味しかった。でも、それよりも食後の出来事のほうが……。

ツッチー：なにかありましたっけ？

けんたさん：昼食を終えたあと、サムさんが試しに僕の自転車に乗ってみたら、「こんな重たい荷物を抱えて走っていたのか」とすごく驚いていて……。

ツッチー：え〜、最終日に気づいたの！

けんたさん：そう（泣）。まあ、あれだけ荷物を積んでいるから、その見た目で大変そうだなとは思ってくれていたみたいだけど。自分でペダルを漕いでみたら、想像以上だったみたい……。

ツッチー：ハハハ。でも、そんなサムさんには、大変お世話になりましたよね。

けんたさん：本当にお世話になりました。台湾一周のコースを一緒に走るサポートライダーとしてめちゃくちゃ頼りになりました。

ツッチー：立ち寄る場所やそこまでの時間も考えながら、走るペースを調整してくれてましたね。サムさんは健脚だから、私的にはついていくのが大変な時もあったけど……。

けんたさん：それは、ツッチーや僕を鍛えるためのサムズブートキャンプですよ（笑）。

けんたさん&ツッチーの

ツッチー：そうですよね。サム師匠！

けんたさん：サムさんはサポートライダーだけでなく、各地域の特徴を教えてくれたり、食事の注文や宿でのやりとり、地元の人たちとの会話など、いろいろなコミュニケーションの場でもサポートしてくれました。

ツッチー：5日目の夜の絶品ピザは、Uber Eats ならぬサムイーツ（笑）。サムさんがお店からテイクアウトしてくれたしね。

けんたさん：無事に台湾一周できたのは、本当にサムさんのおかげですよ。

ツッチー：そんなサムさんを先頭に台北の中心街に向かう川沿いのサイクリングロードは、よかったよね。

けんたさん：夕日に向かって走るかたちになって、ゴールに向かってパレードランをしているようでな。達成感があると同時に、夕暮れが旅の終わりを知らせているようで、ちょっと寂しい気持ちにもなったりして。

ツッチー：そう。複雑な気持ちになりましたよね。

けんたさん：でも、松山駅に着いて再び「0㎞」のモニュメントを見た時は、やっぱり達成感でいっぱいに。

ツッチー：サムさんからの台湾一周証明書のサプライズプレゼントもあったしね。

けんたさん：今回、台湾一周の旅を楽しくできたのはサムさんのおかげ。我足感謝你（感謝しています）。

けんたさん＆ツッチーの

9DAYS 旅の振り返り

特別編

ツッチー：台湾一周、９日間１０００㎞の旅をやりきったところで、この旅全体を通して、印象に残ったことを最後にまとめておきましょうか。

けんたさん：景色とか、食事とかですかね。

ツッチー：そうですね。

けんたさん：景色は、最終日に台北に向かうサイクリングロードを走っている時、台北１０１が見えていたんだけど、台湾一の高層ビルと街全体、そこに続くサイクリングロードが夕日で赤く染まっていく。ちょっと幻想的で印象深かったですね。

ツッチー：確かに。偶然だけど、旅の最後に誰かが演出してくれたような雰囲気でしたよね。

けんたさん：ん～でも、自然の景色も捨てがたいかな……５日目の「風吹砂」の景色もよかったし。

ツッチー：青い海と砂地とまわりの緑のコントラストがよかったですよね。

けんたさん：台湾は昔、ポルトガル語で「フォルモサ」と呼ばれていたらしく、意味は「美しい島」ということらしいです。それを思うと、台湾の美しい自然の風景「風吹砂」の景色が今回の旅のベストビューですね。

ツッチー：台湾というと日本人は台北や高雄といった都市部の街の賑わいをイメージしがちですし。

けんたさん：台湾の自然の豊かさは旅をしながら、すごく感じられましたよね。うん、ベストビューは「風吹砂」で！

ツッチー：さて、食事のほうはどうですか？

けんたさん：食事も迷うな～。台湾の料理も食べたし、日本式の居酒屋や焼肉にも行ったしね。

ツッチー：5日目のピザは度肝を抜かれるほど美味しかったですよね。

けんたさん：そうなんですよね。これも迷うな……。でも、やっぱり最終日のランチ「福粤楼」かな。ホテル内にあるレストランで値段は高めだけど、野菜とソーセージのXO醤炒めは、本当に美味しい。

ツッチー：食べるのは二度目でも美味しさに感動しているのだから、まさにベストミールですね。

けんたさん：ちなみにスイーツは、2日目の台中のカフェ「Brewband Coffee」で食べたピーナッツのミルフィーユケーキですね。

ツッチー：ピーナッツがギュッと詰まったような濃厚な味でしたね。けんたさんも思わず、これまで食べたケーキの中で一番美味しいと言ってましたね。

けんたさん：そして、いい大人3人がそろって「ハオチー（美味しい）」と連発しているのを見て、店のオーナーがティーバッグをお土産にくれるほどでしたね（笑）。

ツッチー：ベストスイーツがそれだとしたら、ベストカフェも「Brewband Coffee」？

けんたさん：ん～。確かにスイーツはそこだけど、カフェ好きツッチーの案内で毎日カフェ休憩があったからな……。

ツッチー：ちなみに6日目のカフェ「双亭院」は、当初行く予定だったカフェが臨時休業だったため、急遽探したカフェでした。

けんたさん：6日目は、旅の疲労の蓄積、ヒルクライム、強烈な向かい風と体力的に一番きつかった日。カフェ好きツッチーのモチベーションは、午後のカフェ休憩で、臨時休業を知った時は相当ショックを受けていましたよね。

ツッチー：そこから検索してお店探して……。

けんたさん：場所がわかった途端、この旅一番の速さでツッチーが自転車を漕ぎ出し、お店まで案内してくれました（笑）。

ツッチー：お恥ずかしい……。「双亭院」もいいカフェでしたよね。

けんたさん：ん〜、でも5日目のリンダさんの「LAUNCHER CLUB」がベストカフェかな。

ツッチー：ラップサンド、ケーキ、コーヒー、どれもレベルが高かったですよね。

けんたさん：それに地元ライダーとの交流もできたし、サムさんの自転車トラブルもあったけど、自然と長居したくなるお店の雰囲気でしたよね。

ツッチー：そうでしたね。ちなみに、あのエリアは「恒春」というだけあって、常に春のような気候のようで、冬でも暖かく、ライドもしやすかったですし。

けんたさん：オーナーであの日サムさんに代わってサポートライダーをしてくれたリンダさんは、日本にも詳しく、伊豆の気候に似ていると言ってましたよね。自転車と相性のいい街とカフェという感じで、「LAUNCHER CLUB」がベストカフェ！

ツッチー：ほかに印象に残ったことはありますか？

けんたさん：印象に残ったというか、印象が変わったのはタピオカドリンクですね。

ツッチー：ほお〜。

けんたさん：日本のタピオカドリンクってどうしても甘いイメージがあったりするじゃないですか。

ツッチー：まあ、そうですよね。

けんたさん：台湾のはまず、タピオカにつぶつぶ感がしっかりあって、甘みはおさえめ。ちゃんとした紅茶が入っていて、甘みはフルーツなどで加える感じなんですよね。

ツッチー：確かに台湾のタピオカは、どこも甘ったるい感じは無かったかもしれません。

けんたさん：スッキリ飲みやすいタピオカドリンクが今回のベストフード？ドリンク？かな。

ツッチー：台湾へ自転車旅に来たら、ドリンク休憩でぜひ試してほしいですね。

台湾一周

旅のQ&A

東京・羽田から約3時間。
国内旅行並みに身近な台湾の旅だが、
今回僕たちは9日間かけて約1000kmを走り、
台湾一周をした。
その時の僕のバイクの装備、
どんな荷物を持って行ったかなどを紹介しながら、
走行中に気づいた日本の交通事情との
違いなどをまとめてみた。

旅の装備

台湾一周の旅の相棒

11月の台湾はまだ暖かいのでウエア類の荷物は最小限で済んだが、撮影しながらの旅。どうしても機材類の荷物が多くなった。自転車に取り付けたバッグに何を入れていたか、ここで紹介しよう。

ドリンクホルダー

アピデュラの「バックカントリー・フードポーチプラス」を2つ取り付けている。フードポーチ部分は自撮り棒を入れておくのにも使える。

フロントバッグ

取り外しが便利なルートワークスの「フロントバッグ」を使用。中には一眼レフとマイクを入れて、ダッシュボード部分にはサイクルコンピュータを取り付けた。

サイドバッグ

〈右側〉アピデュラの「エクスペディション フォークバッグ」を取り付け。万が一の時のための防寒着1着を入れた。

〈左側〉こちらも万が一に備えてレインウエア、そして8日目の電車移動のことを考えて念のため輪行袋を入れた。使うかどうかわからないけれど、いざという時に無いと困るモノを収納した。

フレームバッグ

アピデュラの「バックカントリーフルフレームバック」。工具やチューブなど修理系のキット、360度カメラ、自撮り棒、三脚など出し入れが多いものを収納した。

【総重量】約27kg!

【バイク重量】
約9kg
【荷物の重量】
約18kg

キャリアバッグ

〈右側〉オールドマンマウンテンの「ポンテローザ　パニア」にはジャージ３枚、インナー３枚、ビブ2枚のウエア類と、一眼カメラやワイヤレスマイクなどのバッテリーと充電器類、ケーブル類を入れた。

〈左側〉アメニティグッズ、パソコン、SSD（データを記録するストレージ）、私服の着替えを入れた。左右の重さに偏りがあると転倒などにつながるので、左右バッグの重量バランスには気をつけたい。

トップチューブバッグ

アピデュラの「エクスペディション トップチューブバッグボルトオン」はライド中にゴミを入れたり、自撮り棒などの一時保管場所として取り付けた。すぐ出し入れできる場所を作っておくと便利。

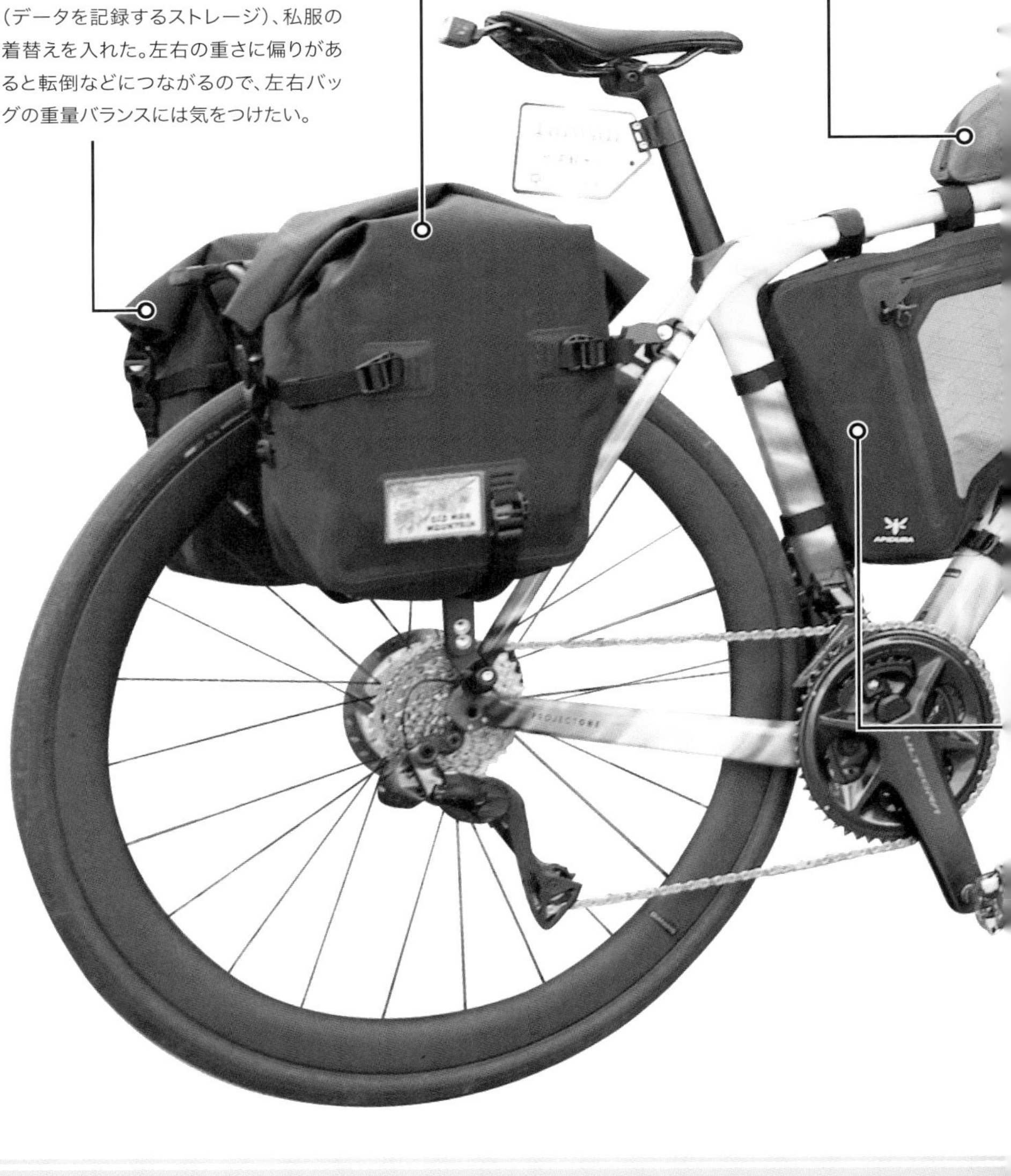

飛行機輪行

チャイナエアラインが便利！

東京から約３時間で行ける台湾への飛行機は、チャイナエアラインを利用した。なぜなら、飛行機輪行のサイズ規定が、自転車ユーザーにとって他社より預けやすい規定になっているから。3辺の合計サイズ290cm以下、かつ23kg以下であれば無料で自転車を預けられる。使用した輪行袋はオーストリッチの「OS-500トラベルバッグ」。

サイクリングロード

サイクリング王国ゆえの充実ぶり

世界最大級の自転車メーカーであるジャイアントとメリダの本社がある台湾はサイクリング王国。初日と9日目に走った川沿い、2日目に走った海沿いなど走りやすい自転車道があった。自転車以外が進入できないようバリケードが設置されているなど、自転車優先の意識の高さが伺えた。

道路事情①

走りやすい道路環境

街中は凸凹しているところもあるが、郊外へ出れば、道路の路面状況は総じて◎。コンクリートの粒度も日本のものより細かい。国道のほか、多くの主要道路には二輪車専用レーンが敷設されている。このレーンの幅員も日本のものより広い。都市部のラッシュ時間の混雑具合は驚くが、専用レーンのおかげで安心感がある。

道路事情②

わかりやすい道路標識

台湾一周のルートを示す標識「環島1号線」の標識が要所に設置されており、主要道路には次の大きな町までへの距離表示が日本と同様に充実している。地名など漢字表記のため、理解しやすい。DAY5で台湾一周をショートカットする分岐点があり、サムさんが詳しく教えてくれたが、標識だけでも理解しやすい。

風の影響

風のチェックが日課に

冬の台湾は北風が吹くので、台湾の西側を南下する時は追い風となり、自転車を力強く押してくれる。それで距離を稼ぐことができた。旅の後半、東側では北風が向かい風となったが、山が多いエリアで風の影響から逃げられる区間もあった。いかに風を味方にするかはどんなライドでも大事なポイントだと改めて思った。

表情の違い

知らなかった台湾との出会い

台湾の西側は大きな街から大きな街へと走る旅だった。バイクや車が勢いよく走る街中ではエネルギッシュな台湾を体感できる。逆に東側は山岳や海岸線沿いなど、雄大な自然の中を走ることができた。どちらかというと、これまで知らなかった台湾の表情だ。自転車だからこそ、台湾の東側と西側の違いを体感することができた。

おわりに

台湾一周、9日間の旅を終えて

台湾一周の旅は、2023年11月16日から24日にかけて行ったのですが、
実は1年くらいかけて準備をしていた旅です。
今から約2年前に四国一周の旅を終えてから、
同じくらいの距離感の台湾一周をいつかやりたいなと思っていました。
そこから、いろいろなご縁があり、
2023年3月に台北サイクルショーに行き、20㎞ちょっとのヒルクライムコースを走り、
同年5月には2泊3日で台北から福隆（DAY9で立ち寄ったエリア）までの旅をしました。
当初、海外での自転車旅はハードルが高いかなという不安がありました。
でも、台湾は東京・羽田から飛行機で約3時間のところにある海外です。
いざ、やってみたら、日本国内を電車で移動するのと変わらない感覚で、

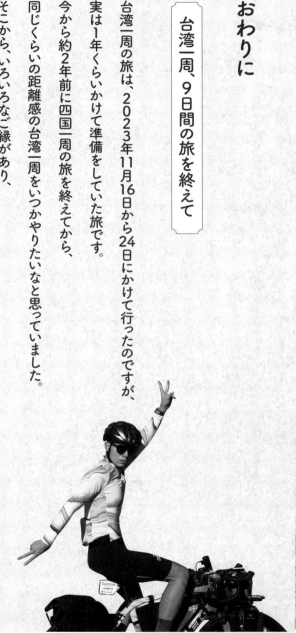

異国の地に足を踏み入れることができ、ヒルクライムも2泊3日の旅も存分に楽しめたのでした。

海外なので日本とは違った雰囲気を楽しめるだけではありません。

台湾は「自転車推し」の国だけあってサイクリングロードが充実しているなど、
自転車に優しい環境が整っています。

そのおかげで、「走る」こと自体の楽しさを体験できたのです。

2回の台湾旅を通じて、ますます台湾一周への想いをふくらませていたところ、
多くの方々のサポートがあり、台湾一周の旅が実現することになったのでした。

実際に9日間で1000㎞を走ってみての感想は、この本の中にたくさん記してありますが、
「とにかくとても楽しかった」このひと言に尽きます。

都会のアグレッシブな雰囲気、大自然が見せる美しい景色、ご飯の美味しさ、人々の優しさ……。

旅を楽しくしてくれたポイントは挙げたらキリがないのですが、
やっぱり僕として一番だったのは、台湾の「道」です。

自転車で走りやすい環境が整っていることが、最高でした。

風速15mの追い風を受けて、フルフラットな道をガンガン走れるというのは、

少なくとも僕は日本で経験したことがありませんでした。

本書で紹介したように「台湾がいかに走りやすいところか」を知らない人は多いと思うので、
ぜひ本書を通じて興味を持ってもらえたらうれしいです。

僕のように台湾を旅したいという方に、ひとつだけアドバイスさせてください。

風を意識して走ることです。

特に僕が行った冬の時期は強い北風が吹いていました。

自転車旅は、風次第で天国にも地獄にもなります。

今回は風を味方につけるためにも台湾を反時計回りに一周しました。

もし台湾に行く時があれば、今のシーズンの風は
どんな感じかを確認することをおすすめします。

台湾観光庁の方をはじめ、多くの方たちのサポートを受けて、
台湾一周の旅を無事完走することができました。

一緒に走ってくれたサムさん、ツッチー、そして家族にも感謝です。
また、YouTube上で台湾のおすすめ「スポット募集」を行い、
多くの方から、たくさんのスポットを紹介してもらいました。
みなさんのおかげでとても充実した旅にできました。
改めて、感謝いたします。

2024年4月、この本の制作作業が終わる頃、台湾東部の花蓮県で大きな地震が起きました。
被災された方へのお見舞いを申し上げるとともに、1日も早い復興を願っています。
この本を読んで台湾と台湾一周に興味を持ってくれた方が、
復興した花蓮に訪れ、豊かな自然と温泉を楽しんでくれたら幸いです。
そして僕自身も台湾はもちろん、他の国や日本国内も、
等身大の旅をする「けんたスタイル」で走りに行きたいと思っています。
本書並びにYouTube動画を楽しんでくれた人、引き続きよろしくお願いいたします！

2024年4月　けんたさん

けんたさん

1990年8月、イギリスのロンドン生まれ。2歳の時に日本に帰国した後、埼玉県内で育つ。県内の大学に進学し観光学を専攻。この時、自転車通学を始めたことをきっかけに自転車にハマる。大学卒業後も平日は自転車通勤、休日は自転車ツーリングという自転車生活を送りながら、その模様をYouTubeにアップしていたところ、チャンネル規模が拡大。現在ではチャンネル登録者27.5万人（2024年3月末時点）のYouTuberとして活躍している。「日本にもっと豊かなサイクルライフを！」をモットーに、自転車と相性のいい動画を配信中。

監修・株式会社ティーツーリンク

サイクリング、マラソン等の国内外のスポーツ・イベントに関するプロモーションの企画制作や、Webサイトの制作運営を行う。また、メディア事業として、サイクルツーリズムを目的としたオリジナルコンテンツ「Discover Ride」を企画運営する。けんたさんと一緒に自転車旅をするツッチーこと土谷基成が代表を務める。

自転車旅っておもしろい！
けんたさんと行く
Discover Ride
台湾一周やってみた！

第1刷　2024年4月30日

著　者　けんたさん
監　修　株式会社ティーツーリンク
発行者　小宮英行
発行所　株式会社 徳間書店
〒141-8202
東京都品川区上大崎 3-1-1
目黒セントラルスクエア
電話　編集(03)5403-4350
販売(049)293-5521
振替　00140-0-44392

印刷・製本　三晃印刷株式会社

ISBN 978-4-19-865822-9